U0139190

吳福相著

文史哲學集成

呂氏春秋八覽研究

文史哲出版社印行

呂氏春秋八覽研究 / 吳福相著. -- 初版 -- 臺北
市：文史哲, 民 105.01 印刷
頁; 21 公分（文史哲學集成；106）
ISBN 978-957-547-311-2（平裝）

文史哲學集成 106

呂氏春秋八覽研究

著者：吳福相
出版者：文史哲出版社
http:// www.lapen.com.tw
e-mail：lapen@ms74.hinet.net
登記證字號：行政院新聞局版臺業字五三三七號
發行人：彭正雄
發行所：文史哲出版社
印刷者：文史哲出版社
臺北市羅斯福路一段七十二巷四號
郵政劃撥帳號：一六一八〇一七五
電話886-2-23511028・傳真886-2-23965656

實價新臺幣三〇〇元

一九八四年（民七十三）六月初版
二〇一六年（民一〇五）一月（BOD）初刷

著財權所有・侵權者必究

ISBN 978-957-547-311-2 00106

呂氏春秋八覽研究　目次

序例

呂氏春秋鑒遠體周，籠罩群言。所謂「鑒遠」，蓋陳述古事，多以史實，明鑒今世，倍覺警惕，誠是高瞻遠矚，慮深思密矣。所謂「體周」，言體大慮周，「體大」，指全書一百六十篇，由十二紀，而八覽，而六論，舉凡天地、萬物、古今之事，皆能深入淺出，提要鈎玄，詳爲論述。「慮周」，指立說有本，敍事有元，述先哲之義，益治國之道，綱舉目張，纖細無遺，總當代之思潮，啟學術之新運，爲牢籠百代之巨著。所謂「籠罩群言」，蓋呂氏春秋創局弘富，廓基峻爽，採諸子精英，薈百家眇義，爲九流之喉襟，雜家之管鍵也。由此可知，呂氏春秋陶冶萬彙，組織千秋，欲求研究成果，珠璣無遺，亦良難矣；況本人既受才、學、識、意之偏促，復遭時間、精力之不允，因而先行研究思想特爲醇正，且爲全書關鍵所在之「八覽」，擬藉此考據與義理之初基，進而探究是書之全貌。今茲撢研，敬持九例：

一、呂氏春秋以元至正嘉興路儒學刋本最古，唯其間脫錯衍訛者猶多。以許維遹集釋本較善，而失審粗校者亦夥。以尹仲容校釋本最爲晚出，雖未必盡是後出專精，要亦可採者多有。是以本書述作，原文皆據尹仲容呂氏春秋校釋本爲準。至於援引舊說，用彌宏旨，均案作者時代之前後，先錄姓氏，再竟文義，務期比類合誼，以歸至當。

二、本書七章，依性質分：第一、二、三章爲緒論；第四、五、六章爲本論；第七章爲結論。緒論者，是將八覽諸篇之外緣問題，詳加考辨論證，以爲知人論世之依據。本論者，是將其思想淵源、內涵，分綱別目，探源竟委，以抉發其思想之義蘊。結論者，既經考證本眞，抉發妙諦，因得以歸結出八覽所處之地位、所蘊之思想、所致之影響焉。

三、爲集思廣益，以達窮理深究之目的，既須衍繹原著，以推展大義，復得歸納群言，以闡發微旨，是以本書除推衍故實，條分縷析外，且多與先秦諸子，比較得失，復與西方學說，參較異同，以求得是篇旨趣之所在。

四、讀古人書，不可不知人論世，尤以呂不韋受誣史之妄，千載以下，寃莫得洗，是以本書對其行事之迹，經世之志，特爲闡明發揚，期徵時下人云亦云，因人廢書之弊。既讀八覽，不可不對其眞僞、篇目，詳加考證，以還其本眞，使重光於世，尤以篇次之研索，先儒無說，今人有論矣，而多雜亂無章視之，良可痛惜！是以本書對其失審之處，詳加分析，又進而剖義析理。蓋呂氏之書，爲秦王不屑，世代相沿，眞義莫顯，亦已久矣，是以本書對其人生哲學、政治思想，特加褒揚，冀明其聚集賓客，搦筆染翰之意也。

五、本書重要參考書目，多達百餘種，大致上一至五十六、九一至一〇九爲本論各章之參考要籍；五七至七二、一一〇至一二六爲緒論各章之參考書，七三至九十爲寫作結論所用之參考資料。以上雖別其歸屬，粗分三類，但彼此可以互濟，讀者不必爲形式所牽。至於排列順序，凡直接關係呂氏春秋者，多按作者時代先後排列，餘者以經史子集順序排列。

六、本書用語，凡引經書及呂氏春秋者，皆以「曰」字稱說，其餘則以「云」字敍述；凡引用師說，則在姓氏之下綴一「師」字。

七、本書寫作期間，每多苦思冥想，猶且滯礙難通，致草稿未定，屢更者再，時有不勝負荷，棄筆廢書之歎。幸經親朋好友之鼓勵，或抄錄謄繕，或精神慰藉，終使本書在授課餘暇，得以順利完成，於此特敬致由衷之謝忱。

八、本書始稿於民國六十九年（一九八〇）多，至七十三年（一九八四）初殺青，歷時三載有餘。由於資質駑鈍，學識未廣，疏陋之處，無可自掩，尚祈博雅君子，有以教我。

九、八覽諸篇實呂氏春秋精蘊之所在，雖欲發微闡幽，以顯揚其價值；然執筆爲言，輒有不能曲暢其懷之憾，幸吾夫子王師更生，鴻裁衆篇，斧藻群言，如書中義有可採，皆吾師博文約禮，循循善誘之功也。

第一章　緒論

周秦之際，論著甚夥，諸子學術，各有所長，亦皆各有所偏。若儒家祖述堯舜，憲章文武，宗師仲尼，以重其言，於道最爲高（註一）；唯其失也，博而寡要，勞而少功（註二），繁文縟節，禮擾不悅（註三）。道家以本爲精，以物爲粗（註四），與時遷移，因物變化，立俗施事，無所不宜，指約而易操，事少而功多（註五）；唯其失也，絕去禮學，兼棄仁義（註六），不知悅生，不知惡死（註七），蔽於天而不知人（註八）。墨家不侈於後世，不靡於萬物，不暉於數度，以繩墨自矯而備世之急（註九）；唯其失也，爲之大過，已之大循（註十），其生也勤，其死也薄（註一一）。法家公而不黨，易而無私，決然無主，趣物而不兩，不顧於慮，不謀於知，於物無擇，與之俱往（註一二）；唯其失也，無教化，去仁愛，專任刑法，殘害至親，傷恩薄厚（註一三）。名家控名責實，參伍不失（註一四）；唯有失者，其道舛駁，其言也多不中（註一五），苛察繳繞（註一六）鉤鈲析亂（註一七）。陰陽家序四時之大順（註一八），敬順昊天，歷象日月星辰，敬授民時；唯其失也，牽於禁忌，泥於小數，舍人事而任鬼神（註一九）。縱橫家權事而制宜，受命而不受辭；唯有失者，上詐諼而棄其信（註二〇）。農家出於農稷之官，播百穀，勸耕桑，以足衣食；唯其失也，無所事聖王，欲使君臣並耕，誖上下之序（註二一），並使賢者與民並耕而食，饔飧而治（註二二）。小說家街談巷語，道聽塗說，雖小道，必有可觀者焉，閭里小智者之所及，亦使綴而不忘（註二三）；唯其失也，致遠恐泥，是以君子弗為也（註二四）。兵家以師克亂，出奇設伏（註二五）；唯其失也，諸侯力征，變詐兵作（註二六）。是以比而同之，仁義任刑，親親兼愛，絕聖崇智，縱橫刑名，各是所善，相非所短，譬猶水火，相滅亦相生，相反以相成，此當代學術思潮之概略也。

秦自穆公，西取由余，并國二十，遂霸西戎；孝公之世，商君變法，移風易俗，民以殷盛，國以富强，百姓樂用，諸侯親服；及惠文武，張儀用計，西并巴蜀，北收上郡，南取漢中；昭襄王時，范睢任相，蠶食諸侯，成就帝業（註二七）；施及孝文王，享國日淺，國家無事（註二八），而莊襄王之立也，嘗為質子於趙，得不韋破家之助，遂有秦國。故即位之初，封不韋為相（註二九），使之滅東周，拓秦界（註三〇）。子政立而年幼，事皆決於不韋，且以其奉先王功大，尊為相國，號稱仲父。當此時也，不韋位尊勢隆，權傾一時（註三一）。此當代政治背景之概略也。

由於學術之衝擊醞釀，其思潮漸趨於兼容並包；由於政治之獨霸兼併，其形勢漸趨於天下統一。不韋欲藉其政治勢力之强大，定衆說紛紜於一衷，期在政治統一之前，求得學術之統一，以成一代興王之典禮，作為他日治國之寶典。故徠聚天下俊豪，采擷諸子精英，捐棄畛域，彌綸群言，條貫統序，成一家之言。

呂氏書成，嫪毐禍作，株連不韋，卒飲酖死。始皇專制跋扈，既不採呂氏之建國宏規，復視其書爲卜易、醫植之屬，不入焚書之列，是以呂氏之書，不見重於當時，遂致湮沒。及史公著史，極醜不韋人品，千載以下，又多因其人而鄙其書，故研之者少，自漢迄唐，數百年間，惟高誘訓解；而魏徵群書治要，馬總意林多節錄呂氏春秋，供世品賞。及宋黃東發始不以人廢言，董理篇旨，頗有發明。明代校刻序跋，節選眉批，多以評賞爲主。降及清世，樸學大興，校讎揣詞，存古功多。民國以來，析義剖理，啟其萌芽。近年研究風氣，日新月盛，一時佳作如林，計有賀凌虛呂氏春秋的政治理論、李九瑞呂氏春秋思想理論、陳郁夫呂氏春秋撢微、黃湘陽呂氏春秋學術思想、田鳳台、楊宗瑩、王克秋各作呂氏春秋研究、鍾吉雄呂氏春秋學術思想的分析研究、傅武光呂氏春秋與諸子之關係、羅克洲呂氏春秋政治思想研究；唯對八覽諸篇作獨立研究者，尚乏其人，且八覽中之人生哲學，及其理想之政治形態與人事制度，多未涉及；或雖涉及，但由於所重視之思想理論，各有所偏，亦未可謂完備之作。此吾所以將呂氏春秋八覽單獨設篇，加以研究者，其理一也。

呂氏春秋十二紀多言天時，而以陰陽五行爲中心；八覽、六論多論人事，而以立身爲人與政治理論爲中心。十二紀所論陰陽五行，說多怪誕，値此科學昌明之際，實又多不合時宜，而八覽所論立身爲人與乎政治理論，皆恒久之治道，歷萬古而常新者也，尤以是篇思想以儒家爲主導，並參以墨道之勝，棄諸家之偏，合古今之宜，體系完備，可謂諸子學中，獨爲醇正者。梁啟超先秦政治思想史云：「吾儕今日所當有事者，在『如何能應用吾先哲最優美之人生觀，使實現於今日。』……今當提出兩問題，與普天下人士共同討論焉。其一，精神生活與物質生活之調和問題。……其二，個性與社會性之調和問題。……吾確信此兩問題者非得合理的調和，末由拔現代人生之黑暗痛苦以致諸高明。吾又確信此合理之調和必有途徑可循。而我國先聖，實早予吾儕以暗示。」余意以爲呂氏八覽，彌綸群言，統貫有序，其中復多言人事，重視實務，對梁氏所提出之兩問題，從其間多可尋得正確之途徑，加以合理之調和焉；且八覽諸篇，多賅六論，值此西學東漸，吾人雖宜博採西洋之長，然而董理舊籍，溫故知新，亦足以斬蘙出轍，有所發明，其功猶不可忽視焉。此吾所以研究呂氏春秋八覽者，其理二也。

不韋身任相國，集結賓客，著書立說，是書由其主持核定，並有其施政原則與理想寓意其間，自屬可能，然後世因人廢書，致眞義湮沒，良可痛惜。是以本書首撰「呂不韋生平事蹟考」，以會觀其生平，分判其行迹，從而知其精神之所繫，進而就是書編次之先後，成書之年代與背景，詳加考證，然後執此以證呂氏之學，以求志士之心，當如日月之皎然。蓋國策、史記之傳不韋，旨趣迥異，論述有別，待考猶多，而史公著書，多摭傳聞，如獻姬生子，進毐自代之事，世人不察，因鄙其人，致千載以下，衆口鑠金，眞僞莫辯，是以稽諸史乘，察明原委，廣採衆說，提出質疑，深入剖析，並及於呂氏著述，本乎知人論事之旨，探得是書之精髓焉。故第三章撰「呂氏春秋八覽考」，對其眞僞、篇目、編次，就諸家所見，旁徵博引，詳加研析，綜以己說。蓋眞僞辯，足以息疑惑；篇目明，足以定義例；篇次考，足以得本眞。若此，則有關思想方面之探討，始有落實之處焉。

八覽中之思想多薈萃群言，出於醇正，對儒、道、墨、法、名諸家融貫者尤多。是以第四章撰「

八覽與先秦諸子之關係」，首揭諸家之旨，繼列八覽之文，條分縷析，相互參驗，以明八覽與前列五家相同之論點，相屬之關係，從而知其思想之淵源、脈胳之相承，絕非雜湊泛襲所可致也，因而得以確立學術研究之眞價值焉。

八覽中多涉立身爲人及政治理論，故第五章撰「八覽中之人生哲學」，述「誠義」「務本」「聽言」「知命」「愼言」之要旨，及其所以爲之之道，以明其思想根基多寓乎此，由「親親」，推及於「仁民」，由「仁民」推而至於「愛物」，此八覽中重要思想之環節也。

第六章撰「八覽之政治思想」。先就政治之起源論起，並與西方學說參校異同，以明先哲之睿智較之西學，多不謀而合。次敍理想之政治形態，就政治制度、天子職權、天子權限、政長產生、治國之道等方面，條其綱領，以明其所提出德治主義，足登斯民於衽蓆之上。末敍理想之人事制度，就得賢之功、失賢之過、賢士標準、尙賢之術等方面，分列諸節，逐層析論，以明其所提出尙賢之人事制度，可解斯民倒懸之苦。吾人今日提倡政治革新，對其思想義蘊，尤當深切體認焉。

第七章「結論」。首述八覽在呂氏春秋中之地位，以明其爲全書之樞紐，整體之精華焉。次敍八覽所表現之基本思想，如「誠義忠孝」「聽言受諫」「無知無爲」「尙德尙賢」「天下爲公」等，皆歷久彌新，萬古不移之至道，足爲建立現代政治之標竿。末敍八覽對於秦漢政治之影響，以明後世學術思想之陶鎔與駁雜，天人相與之觀念與形態，在在受八覽思想之影響有以致之。

人生理念，因時變化，非一子之說，一家之言所能盡括，必須截長補短，鎔鑄陶鈞，始克有成。

筆者不敏，寢饋呂氏春秋八覽者有年，聚材排比，竟以成帙，竊願是篇之成，使不韋之志業，光大於世，八覽之價值，肯定於今，則不唯對世道人心，有實質之裨益，抑且對當前政治之革新，有相當之參考也。

【附　註】

註一　見班固漢書藝文志。
註二　見司馬談論六家要旨。
註三　墨子非儒下篇云：「且夫繁飾禮樂以淫人」又云：「繁登降之禮，以示儀；務趨翔之節，以觀衆。」又云：「繁飾邪術，以營世居。」
註四　見莊子天下篇。
註五　同註一。
註六　同註一。
註七　莊子天下篇云：「上與造物者遊，而下與外死生无終始者爲友。」
註八　見荀子解蔽篇。
註九　參見莊子天下篇。
註一〇　同註四。
註一一　同註四。
註一二　同註四。

註一三　同註一。

註一四　同註二。

註一五　同註四。

註一六　同註二。

註一七　同註一。

註一八　同註二。

註一九　同註一

註二〇　同註一。

註二一　同註一。

註二二　見孟子滕文公上篇。

註二三　同註一。

註二四　同註一。

註二五　見漢志兵家略。

註二六　同註二五。

註二七　參見史記李斯列傳。

註二八　見賈誼新書過秦。

註二九　事見史記呂不韋列傳。

註三〇　史記秦本紀云：「莊襄王元年，……東周君與諸侯謀秦，秦使相國呂不韋誅之，盡入其國……。使蒙驁伐韓，韓獻成皋，秦界至大梁，初置三川郡。二年，使蒙驁攻趙定太原。三年蒙驁攻魏高都、汲，拔之；攻趙榆次、新城、狼孟，取三十七城。……四年，王齕攻上黨，初置太原郡。」

註三一　事見史記呂不韋列傳。

第二章　呂不韋生平及其著述

呂不韋傳略，以國策秦策、史記呂不韋列傳、高誘呂氏春秋訓解序言最爲完整，唯國策事簡言略，故未得全貌；史記增華，雖描繪生動，然後之學者，多疑而不決；高誘序言，採自史記，敍述甚略。今綜此三家之說，旁稽史籍，論其生平及其著述。

第一節　呂不韋生平

呂不韋，濮陽（今河南滑縣）人，爲陽翟（今河南禹州）大賈（註一），往來販賤賣貴，家累千金。其時，戰國末年，封建解體，貴族沒落，士民可爲客卿，布衣可致將相，而秦雖僻處西陲，文化落後，然商鞅變法，功效卓著，唯禁止私議，忽視教育，因而缺乏政治長才。故對智高識卓者，必破格任用，如張儀、范雎者，並大握重權，復以民風淳樸，國力殷實，有席捲天下之心，包舉宇內之勢。當此之際，不韋不甘居於四民之末，而思有以作政治投機，並選擇秦國爲其「建國立君，澤遺後世」

之目標。

史記呂不韋列傳云：「秦昭王四十年，太子死，其國君有子二十餘人。安國君有所甚愛姬，立以爲正夫人，號曰華陽夫人。華陽夫人無子，安國君中男名子楚，子楚母曰夏姬。毋愛，子楚爲秦質子於趙。秦數攻趙，趙不甚禮子楚。子楚，秦諸庶孽孫，質於諸侯，居處困，不得意。」不韋賈邯鄲，見而憐之，以爲奇貨，歸與父謀，論定建國立君，澤遺後世，在此一舉，於是往說子楚，子楚心有所悟，遂與密謀深語，故不韋得以暢論當前局勢曰：「秦王老矣，安國君得爲太子，竊聞安國君愛幸華陽夫人，華陽夫人無子，能立嫡嗣者，獨華陽夫人耳。今子兄弟二十餘人，子又居中，不甚見幸，久質諸侯，卽大王薨，安國君立爲王，則子毋幾得與長子及諸子旦暮在前者，爭爲太子矣。」子楚曰：「然！爲之奈何？」呂不韋曰：「子貧，客於此，非有以奉獻於親友及結賓客也。不韋雖貧，請以千金爲子西游，事安國君及華陽夫人，立子爲嫡嗣。」子楚乃頓首曰：「必如君策，請得分秦國與君共之。」（註二）

呂不韋乃以五百金與子楚，以廣交賓客，提高聲譽，復以五百金，買奇物玩好，自奉西游，求見華陽夫人姊，而以其物獻華陽夫人，並言子楚賢智，結交諸侯賓客，徧滿天下，復以夫人爲天，並日夜泣思太子及夫人。夫人因而喜出望外，不韋益請其姊說之云：「吾聞之，以色事人者，色衰而愛弛。今夫人事太子，甚愛而無子，不以此時蚤自結於諸子中賢孝者，舉立以爲適而子之，夫在則尊重，夫百歲之後，所子者爲王，終不失勢，此所謂一言而萬世之利也。不以繁華時樹本，卽色衰愛弛，後雖欲開一言，尚可得乎？今子楚賢而自知中男也，次不得爲適，其母又不得幸，自附夫人，夫人誠以此時拔以爲適，夫人則竟世有寵於秦矣！」（註三）華陽夫人深以爲然，遂乘機向太子訴說子楚質於趙而絕賢，來往者皆稱譽之，並涕泣求立以爲嫡，其云：「妾幸得充後宮，不幸無子，願得子楚立以爲適嗣，以託妾身。」（註四）安國君許之，復與夫人刻玉符以爲適嗣，二人並厚餽子楚，而以呂不韋傅之。子楚以此交遊益廣，名譽益盛。

子楚從不韋飲，見不韋寵姬，絕好善舞，因起爲壽請之，不韋甚怒，唯念既已傾家蕩產，欲以釣奇，區區舞姬，何足爲惜？遂獻其姬。姬自匿有身，於秦昭王四十八年（西元前二五九年）正月生子政，子楚遂立姬爲夫人。

秦昭王五十年，秦將王齮圍邯鄲甚急，趙欲殺子楚，子楚與呂不韋謀，行金六百斤，賄賂守者，子楚遂得以脫亡赴秦軍，轉歸秦國。趙殺子楚不得，轉而欲殺其妻子，唯子楚夫人及子政，匿焉，母子竟得以不死。

秦昭王薨，太子安國君即位，華陽夫人爲王后，子楚爲太子。是時，趙奉子楚夫人及子政歸秦，安國君立爲秦王，一年即薨，謚爲孝文王。子楚立，是爲莊襄王，尊華陽后爲太后，生母夏姬爲夏太后。莊襄王元年（西元前二四九年）以呂不韋爲丞相，封爲文信侯，食河南洛陽十萬戶。是年，「東周君與諸侯謀秦，秦使相國呂不韋誅之，盡入其國。秦不絕其祀，以陽人地賜周君，奉其祭祀。」（註五）莊襄王在位三年薨，太子政立爲王，尊不韋爲相國，號稱仲父。秦王年少，政事皆決於呂不韋，太后時時竊與不韋私通。

當是時，魏有信陵君，楚有春申君，趙有平原君，齊有孟嘗君，皆禮賢下士，以客相傾，不韋自以爲强秦相國，羞愧不如，遂亦廣招賢士，善加禮遇，竟至食客三千，且是時諸子百家，著書立說，流布天下，呂不韋於政治上有其成就，復思在學術上有所著述，「乃使其客人人著所聞，集論以爲八覽、六論、十二紀，二十餘萬言，以爲備天地萬物古今之事，號曰呂氏春秋。」（註六）並布於咸陽市門，懸千金於其上，延致諸侯游士，有能增損一字，則予千金。

始皇帝日益壯大，太后猶淫亂不已，呂不韋顧慮有加，恐禍將及己，於是「乃私求大陰人嫪毐以爲舍人，時縱倡樂，使毐以其陰關桐輪而行，令太后聞之，以啗太后。太后聞，果欲私得之，呂不韋乃進嫪毐，詐令人以腐罪告之，不韋又陰謂太后曰：『可事詐腐，則得給事中。』太后乃陰厚賜主腐者吏，詐論之，拔其鬚眉爲宦者，遂得侍太后，太后私與通，絕愛之，有身，太后恐人知之，詐卜，當避時，徙宮居雍，嫪毐常從，賞賜甚厚，事皆決於嫪毐，嫪毐家僮數千人，請客求官，爲嫪毐舍人千餘人。」（註七）

始皇九年（西元前二三八年），「有告嫪毐實非宦者，常與太后私亂，生子二人，皆匿之。」（註八）於是「秦王下吏治，具得情實，事連相國呂不韋。」（註九）嫪毐見事迹敗露，欲先發制人，「矯王御璽及太后璽，以發縣卒及衛卒，官騎。戎翟君公舍人，將欲攻蘄年宮爲亂。」（註十）王知之，「令相國昌平君昌文君發卒攻毒，戰咸陽，斬首數百，皆拜爵。及宦者皆在戰中，亦拜爵一級。毒等、敗走，卽令國中有生得毐，賜錢百萬；殺之，五十萬，盡得毐等……二十人皆梟首，車裂以徇，滅其宗及其舍人，輕者爲鬼薪，及奪遷蜀四千餘家，家房陵。」（註一一）其餘嫪毐三族，俱被夷滅，太后所生二子亦見殺，且遷太后於雍，唯不韋建國立君，奉先王功大，而賓客游士，爲之游說者甚衆，遂使秦王隱忍而不致法。

始皇十年十月，免相國呂不韋職權，及後茅焦說秦王，秦王乃迎太后復歸咸陽，並令不韋就國河南。歲餘，諸侯使者，相望於道，請文信侯，王恐其變，乃賜書曰：「君何功於秦，秦封居河南，食十萬戶，君何親於秦？號稱仲父，其與家屬徙處蜀。」（註一二）呂不韋自度過錯，恐誅，乃飲酖死。

呂不韋生平事蹟極富傳奇，既從商爲富賈矣，復有過人之政治眼光，能見人之所不能見，爲人之所不能爲，卒能成其「立君」之宿願；而「建國」之志，半途而廢，既未能「贏利無數」「澤遺後世」，反不得善終，禍延家屬、賓客，千載之下，人卑其行，其留後世者，非權勢財富，非不朽功業，而爲網羅精博，體製謹嚴，總諸子精英，薈百家眇義之「呂氏春秋」。

不韋進姬生子，千載之下，並無疑焉，然明湯聘尹首爲文駁之，其以爲不韋進姬之時，其姬未必遽有孕也，縱或有之，不韋豈肯輕洩，他人又何從得知？既娠而後獻，則始皇在趙，母子俱匿，何不能語其子以實乎？若語之，則始皇何至忘至親之情，忿然曰：「何親於秦，號曰仲父。」復逼其遷蜀以死，雖賓客遊說萬端，莫之能阻乎？（註一三）王世貞以爲或不韋故爲是說，而泄之始皇，使知其爲眞父，以長保富貴，或不韋賓客，感恩圖報，故詈始皇，而六國遺民，侈張其事，謂呂代嬴，秦最先亡，不然不韋、太后俱不敢言，何得而知大期之子，非嬴氏之所出也（註一四）。梁玉繩據左傳疏大期爲十月之期，因謂不及期可疑，過期尚何疑耶？若其生也，本不及期，隱至大期，始告子楚，必致欲蓋彌彰也。（註一五）崔適論謂初娠可匿，產期不可匿，及期當產，不及期不必產，理之至明也，而不韋獻姬之時，固以爲有娠，唯似是而非，蓋有娠而月期仍至者有之，踰常期而生子者有之，實不得驟下斷語，是故始皇果爲何氏所出，惟其母知之，後人焉得之乎？（註一六）錢穆謂楚相春申君爲楚幽王悼所殺，而流言却爲春申君子，此情迹與不韋事大體相似，豈不怪耶？而此猶較桀紂暴行，先後相類，益令人驚奇。若依秦策，不韋爲子楚遊秦，始皇已生十歲，其豈能預爲釣奇耶？況秦策無不韋納姬事，蓋太史公不取秦策，因好奇而著之於史也。（註一七）賀凌虛從大期之意分析，其謂「大期」若係指足月出生，則趙姬至異人（註一八）家最多八月既生始皇，縱欲隱瞞，異人必知實情，故絕不立其爲夫人。若係指延期出生，即趙姬至異人家九個多月，類似妊娠足月出生，則趙姬隱瞞實情，異人不知，後人亦無由測知，故知此秘密者，僅不韋與趙姬二人耳。就不韋言，異人在時，其絕不敢洩漏實情，以免自取其辱，功敗垂成。異人死後，始皇年幼，不韋大權在握，亦絕不透露訊息，以免遭王室宗親之切齒忌恨。及至失權罷相，益不敢妄言，惹得殺身滅族之禍。就趙姬言，異人在時，其絕不肯吐實，以免遭受冷落遺棄。異人死後，其亦不致洩漏，以遭始皇狐疑與秦人大忌。再者，若鄭姬已告知始皇，則其與不韋重續舊情，自必讓不韋知悉。若始皇早知不韋係其生父，縱令不滿不韋所爲，亦不致任嫪毐奪權，益不致藉嫪毐事欲殺之，而後忿然賜書辱罵之。若不韋知始皇爲其親子，則其與趙姬重拾舊歡，當不致深懼始皇，恐禍及己，更不致以嫪毐陷趙姬，使始皇難堪。是知呂不韋與趙姬俱無透露極密之可能，則他人何得知之耶？（註一九）

前列諸家之言，以賀氏所論，集其大成，亦且咄咄逼人，難謂其非。本人以爲尚可復致深疑者，猶有數點：

一、呂不韋旣知鄭姬有身矣，何敢釣奇獻姬耶？豈不知十月之內，一旦東窗事發，身死名辱，則其破家喪財，豈不前功盡棄耶？

二、縱令始而忿，繼而思，欲以釣奇，抑其怒意，遂獻其姬，則必設法隱瞞，或計商調虎離山，產子之前，使子楚先行歸秦；或研議障眼手法，拖延事故，欺騙子楚，何史記、國策、高誘訓解序，俱不詳載焉？何讓鄭姬一人，以弱女之身，瞞天下之至密耶？不韋豈能不以其獻有孕姬，而深懼子楚，恐禍及己耶？

三、使不韋知始皇爲其親子，縱被罷相，與家屬徙處蜀，諒亦不至於如史記所云：「自度稍侵，恐誅，乃飲酖而死。」

四、使始皇知不韋爲其生父，絕不至於在不韋、嫪毐皆已死後，反復歸嫪毐舍人遷蜀者，若斯厚彼薄此也！

五、由於嫪毐事件，秦王欲誅相國，不韋賓客辯士爲游說者衆。及不韋飲酖死，其賓客數千人竊共葬於洛陽北芒山，可見不韋必有過人之志節與信實，卒得門下賓客之衷心愛戴，冒死以救，往而不悔。由此推知，不韋當不爲獻已孕姬而生親子之鄙吝邪枉小人，不然，何得士爲之冒死犯難焉？

六、呂氏春秋雖非呂不韋所作，然是書係經其倡導發起，主持編輯，核定大綱，有其個人獨特之見解與抱負，則無可疑，而是書政治理想，以尙德尊賢爲其中心主旨，其風格如是，然其人格能與之相去萬里乎？

至於進毐以自代乙事，錢穆先秦諸子繫年考辨力斥爲誣史，其云：「魏策：或謂魏王曰：『秦自四境之內，執法以下，至於長輓者，故畢曰與嫪氏乎？與呂氏乎？雖至於門閭之下，廊廟之上，猶之如是也。今王割地以賂秦，以爲嫪毐功，卑體以尊秦，因以嫪毐，王以國贊嫪毐，太后之德王也深於骨髓，王之交最爲天下上矣。由嫪氏善秦而交爲天下上，天下孰不棄呂氏而從嫪氏。天下畢舍呂氏而從嫪氏，則王之怨報矣。』據此則呂之與嫪，邪正判然。嫪氏顯與呂氏爭政，太后私傾嫪氏，未見嫪之必爲不韋所進也。又秦始皇本紀嫪毐封長信侯。索隱云：『按漢書嫪氏出邯鄲。』……據此嫪毐乃邯鄲人，疑始皇母在邯鄲本識毐，不俟於不韋之進顯，而史傳所稱私求大陰人嫪毐，使其以陰關桐輪而行，令太后聞之，以啗太后者，皆故爲醜語，非事實也。」賀凌虛呂氏春秋的政治理論云：「設使嫪毐果作爲宦者入宮，則於短短三數年內，縱使得太后寵信，但秦爲尙首功之國，商君之法仍在，宗室非有軍功，論不得爲屬籍，以一毫無建樹的閹人，又何得被封爲長信侯，封國且在當時猶爲相國的呂不韋之上？又何得賜山陽地令其居之，並由其獨專國政？揆之情理，似乎嫪毐原爲秦之大臣，於始皇初年卽身居要津，乃至不韋因懼禍而疏遠太后之時，可能卽利用其與太后是同鄉或原日相熟關係，乘虛而入，在太后跟前取不韋的地位而代之，並公開與不韋爭權。當時嫪毐已取得太后歡心，並得其從中相助，而始皇初時既未獲悉嫪毐與太后隱私，又不滿不韋的專權，和其公然懸書咸陽痛詆秦國之政，可能更竊知不韋與太后姦情，自然亦偏向嫪毐，所以於他在位八年之時，不惜封嫪毐為長信侯，一切唯嫪毐之言是從，並使其封國在不韋之上，以壓抑不韋不可一世的氣燄。其後嫪毐倡亂，不韋遭受牽連，很可能是受人誣攀，或為秦人讒害，根本無法證實，因此始皇雖對不韋不滿，亦不能過分嚴懲，祇好藉口不韋當年奉先王功大，特為寬恕，且看其後年餘，他賜書不韋，不惜自相矛盾，完全抹煞不韋對秦一切貢獻時的口氣：『君何功於秦，秦封君河南食十萬戶？君何親於秦，號稱仲父？其與家屬徙處蜀！』可見其對不韋忌恨之切，要是嫪毐果眞為不韋所荐，那麼不韋罷相時，始皇縱使不能援用『秦之法，任人而所任不善者，各以其罪罪之。』將其究辦，亦必不會如此輕輕將其放過。」

錢、賀二氏之說甚是。余意以為尚可致疑者，如嫪毐為不韋所薦，則其宜志同道合，不宜驟然成為水火不容之政敵。使太后近之不遜，遠之則怨，因而忌恨不韋，縱容嫪毐奪權，亦不應使嫪毐封為長信侯，而封國且在當時不韋之上。蓋史記既云太后曾自匿有身，生不韋子始皇，依此關係，當不致使嫪毐封國在不韋之上，況秦重首功之國，無戰陣軍功，不得封侯，嫪毐何得扶搖直上耶？使不韋知始皇為其親子，何懼殃禍及己？而勢必進毐自代乎？蓋此舉必益使始皇難堪，復加重己罪，既不能解決問題，復使問題益加複雜，因而牽連愈廣，曝露愈甚矣。智如不韋，得以建國立君，其必將愚若頑石，計以進毐自代乎？使始皇知不韋為其生父，縱使對不韋之專權及其公然懸書，毀詆秦政，有所不滿，亦不致於對嫪毐言聽計從，任其奪權，或得以其爲外人，故藉不韋權勢，盡除嫪毐黨羽，則史書上是否有嫪毐作亂之事，是否有進毐自代之事，並未可知。及至嫪毐之亂平定，不韋遭受牽連，以其奉先王功大，及賓客辯士爲游說者衆，不宜致法，遂遲至期年始免呂不韋相位，然其所進之人，穢亂春宮，竊竊神器，罪同滔天，實不可逭，始皇竟不用秦法「任人而所任不善者，各以其罪罪之」，反遲至期年始行罷相，顯於嫪毐倡亂，或因罪證不足，或嫪毐實非其所薦，遂使始皇暫時未予嚴厲處置。越年，賜書謾罵：「君何功於秦，秦封君河南十萬戶？君何親於秦，號稱仲父？其與家屬徙處蜀！」是知始皇確不知不韋爲其生父，且對其痛恨有加，故在呂、嫪爭權之時，先與太后私傾嫪氏，以收遠交近攻之效，及至嫪亂平，遂成個個擊破之功。此政治鬪爭中，常用之技倆，實未必見嫪毐爲不韋所薦也。

綜上所論，始皇爲不韋親子及不韋進毐自代事，委實不無疑問，或因秦法苛虐，六國遺民，俱受其苦，而在無法以武力推翻暴政之時，遂飛謠自快，旣鮮美不韋，復多詈始皇，奇聞相傳，積非成是，太史公著史，未及深察，錄以爲傳，卒使不韋蒙寃千載矣。

第二節　呂氏著述

呂不韋使其賓客人人著其所聞，集論以爲八覽、六論、十二紀，號曰呂氏春秋。其著述動機，蓋如元陳澔禮記集說云：「呂不韋相秦十餘年，此時已有必得天下之勢，故大集群儒，損益先王之禮，而作此書，名曰春秋，將欲為一代興王之典禮也。」吾人欲了解是書之梗概，可從一、成書背景。二、編輯先後。三、成書年代等層面論述之。

一、成書背景

秦至孝公以還，勵精圖治，變法圖強，移風易俗，成果益彰，民以殷實，國以富強，百姓樂用，諸侯親服，統一局勢，日漸明朗。史記秦始皇本紀云：「莊襄王死，政代立為秦王。當是之時，秦地已幷巴、蜀、漢中，越宛有郢，置南郡矣。北收上郡以東，有河東、太原、上黨郡，東至滎陽，滅二周置三川郡。呂不韋為相，封十萬戶，號曰文信侯，招致賓客游士，欲以幷天下。……王年少初即位，委國事大臣，晉陽反，元年，將軍蒙驁擊定之。二年，麃公將卒攻卷，斬首三萬。三年，蒙驁攻韓取十三城，王齮死。……五年，將軍驁攻魏定酸棗、燕、虛、長平、雍丘、山陽城，皆拔之，取二十城。……六年，韓、魏、趙、衛、楚共擊秦取壽陵，秦出兵，五國兵罷，拔衛迫東郡，其君角率其支屬，徙居野王，阻其山以保魏之河內……。」當此之時，呂氏春秋為求思想之統一，並對秦法之嚴刑峻苛，傷恩薄厚，極思有以立政諷箴，致此書得以為一代興王之典禮，為建國治國之藍圖，故有「尚德」，「愛利」思想之提出。

史記孟荀列傳云：「騶衍睹有國者日淫侈，不能尚德，若大雅整之於身，施及黎庶矣。乃深觀陰陽消息，而作怪迂之變，終始大聖之篇，十餘萬言。……騶子重於齊，適梁，惠王郊迎執賓主之禮；適趙，平原君側行襒席；如燕，昭王擁彗先驅，請列弟子之座而受業，築碣石室，身親往師之，作主運。」是知其時各國國君禮遇騶衍，對其學說，深表重視，故社會上研究慕愛陰陽之說，甚囂塵上，遠邁諸子之學。影響所及，呂氏賓客，在著書之時，亦提出十二月紀之行政綱領，要求國君行事，當合時令，並以禨祥度制，約束君權。當其時也，封建社會解體，井田制度崩潰，山澤禁令解除，自由工商勃起，都會豪華，百里相望，工役競起，廣備奴役，游士朋興，養客成風。時魏有信陵君，楚有春申君，趙有平原君，齊有孟嘗君，皆禮賢下士，以賓客相傾，呂不韋以相國之尊，甚羞不如，遂致士厚遇，食客三千；且秦日益壯實，需才殷切，賢智俊士，紛紛西入，謀官求職，欲展宏圖，如史記李斯列傳云：「李斯……乃從荀卿學帝王之術，學已成，度楚王不足事，而六國皆弱，無可爲建功者，欲西入秦，辭於荀卿……至秦，會莊襄王卒，李斯乃求爲秦相呂不韋舍人，不韋賢之，任以爲郎。」是知秦欲全力求賢者以圖強，亟思得國士以稱霸，故呂氏春秋有「尚賢任能」思想之提出。

荀子解蔽篇云：「墨子蔽於用而不知文，宋子蔽於欲而不知得，慎子蔽於法而不知賢，申子蔽於勢而不知知，惠子蔽於辭而不知實，莊子蔽於天而不知人。」尸子廣澤篇云：「墨子貴兼，孔子貴公，皇子貴衷，田子貴均，列子貴虛，料子貴別囿，其學之相非也，數世而不得已，皆弇於私也。」是諸子百家，皆有所貴，處此紛亂之局世，學說雜陳，各蔽其所短，崇其所善，偏失之弊，勢所難免，而合其旨歸，截長補短，融合一爐，於是兼綜衆說之雜家以興。清代汪中呂氏春秋序云：「周官失職，而諸子之學以興，各擇其術以明其學，莫不持之有故，言之成理，及比而同之，則仁之與義，敬之與和，猶水火之相反也，最後呂氏春秋出，則諸子之說兼有之。」（註二〇）是知呂氏春秋爲雜家巨擘，其調和諸說，兼取衆長，裁剪部勒，而成全體，其間所論及政治、教育、薄葬、重農、適樂、義兵等思想，並皆融合諸家之長，蔚爲學術之大成。

綜上所述，吾人可知，呂氏春秋成書之時代背景，就政治方面言，嬴秦日益壯大，統一勢成；就社會方面言，諸侯禮賢下士，養客成風；就學術方面言，雜家調和諸說，兼取衆長。有此風雲際會，因此不得不有呂氏春秋之成書也。

二、編輯先後

呂氏春秋編輯先後，論說紛紜，言人人殊，莫衷一是。主張十二紀在於書前者，如梁玉繩謂史記表傳、漢書藝文志禮運注、文選楊修答臨淄侯牋注引桓譚新論及高誘序，俱著稱其書名曰呂氏春秋，且古人作序，皆在卷末，呂氏十二紀終而綴以序意，可知紀當居首，八覽、六論爲其附見，而十二紀居首，乃春秋之所由名也。漢書藝文志雜家載呂氏春秋二十六篇，不稱呂覽，是知自漢以來，皆以呂氏春秋爲正名，而爲遷就行文之便，故容有不拘耳（註二一）。畢沅亦以爲十二紀居首，乃春秋之所由名也（註二二）。主張十二紀在本書之後者，如周中孚謂史記自序及漢書司馬遷傳載報任安書俱稱呂覽，蓋舉其首者言之。史記十二諸侯年表序言及不韋列傳並云：「著八覽、六論、十二紀。」以紀居末，而古人作序，皆在卷末，呂氏十二紀終而綴以序意，紀之居末可知（註二二三）。孫志楫呂氏春秋劄記增益周氏之論而云：「十二紀之當居末者，以古人著書，序皆居後，今十二紀後有序意一篇，故知之也。繙閱典籍，若莊子天下篇、淮南要略、史記自序、法言序、論衡自紀、潛夫序錄、說文解字敘、抱朴子自序，皆述其爲書，殿居書末，豈常見有自序而居中者乎？古書之例如是，何獨至呂書而歧異乎？序意篇曰：『良人請問十二紀。』惟十二紀居後，故舉以爲說，序十二紀，卽所以序全書也。……惟八覽居首，故可簡稱呂覽，若使十二紀居首，行文不拘，何以無稱呂論、呂紀者，而必稱呂覽乎？……世之惑於畢、梁說者，其三繹吾言。」（註二二四）

按序當居書末，古籍多類此，然恐呂氏春秋先編出十二紀，而以之懸諸市門，後八覽、六論相繼編出，總合之爲呂氏春秋，故序意僅爲十二紀之序言，未嘗敍及覽、論，則其序原置書末，何可謂其居中者乎？復因日後，是書增益覽、論，序被迫居中，又何可謂獨至呂氏春秋，序列書末遂至歧異乎？蓋以古書之例，鮮若呂氏春秋之懸書者也。故是書乃同其所必同，序在紀後；異其所不可不異，覽、論在序後。此實爲成就懸書之意，特分爲二次編輯之故也。不然，一百六十篇之文，一十萬字之多（註二二五），若欲盡懸市門，無論其著於竹册，書於縑帛，皆不可能，或如陳郁夫呂氏春秋撢微云：「懸咸陽城門者，唯十二紀本身，十二紀所屬諸篇又不與焉。如此，每紀六百字計，十二紀不過七千字，以七千餘字，方能懸諸城門，而十二紀本身，確無可移易一字者。」況且是書思想重複處頗多，甚或有相互牴牾者，亦復不少，雖謂其書成於衆人之手，勢所難免，然謂紀與覽、論非同時編輯，亦屬可能，而既懸書矣，十二紀爲全書主旨所在，得先懸之，以安百姓之心，以服衆民之口，不當反以書之餘義，如覽、論者先出示之也，由此可知十二紀當在書前。

然則八覽居首，故得簡稱呂覽乎？何論語學而篇居首，未嘗聞有簡稱學而者；莊子逍遙篇居首，又何嘗簡稱爲逍遙耶？其餘墨子、孟子、荀子等諸子俱未以篇首簡稱該書，何獨至呂氏春秋而歧異耶？史記太史公自序篇云：「不韋遷蜀，世傳呂覽；韓非囚秦，說難孤憤。」並爲遷就其身廢書行之意；不然，不韋何嘗遷蜀，呂氏春秋何嘗在遷蜀之後傳世乎？說難孤憤諸篇，何嘗在韓非囚秦之後作耶？吾人又何能據「不韋遷蜀，世傳呂覽。」驟斷八覽、六論居前乎？周、孫二氏之說，蓋失之未審。田鳳台呂氏春秋研究云：「史遷雖言，著八覽、六論、十二紀，余意史遷行文，多求暢美，言著『八覽、六論、十二紀。』者，文短在前，文長者居後，云『不韋遷蜀，世傳呂覽』乃相對協和，如云『不韋遷蜀，世傳呂紀。』或云『不韋遷蜀，世傳呂論。』讀者何感，聽者何覺。善誦文屬文者，一辨即知矣，勿容强說。」觀太史公行文多飄逸不拘，神采飛揚，意到筆工，音韻和美。此「呂覽」之稱，或行文不拘，但求便於諷誦，未料竟爲後世爭執之焦點，立論之依據，其地下有知，寧不浩歎耶？

再觀全書治國理民之重要綱領，端在十二紀中，而八覽、六論復申其意，多敍其方法耳，安得所重者在後，而所輕者反置前乎？是以劉咸炘呂氏春秋發微云：「十二紀乃全書大旨所在，六論乃其餘義，且多雜泛，不應重者居後，輕者反居前，且序意固止言十二紀，不必居全書末，呂氏謂序意止言十二紀（案：指呂思勉經子解題），乃後半文脫，然如其所言，則其所脫者乃後半，述覽、論之文，而所存者乃前半，述十二紀之文。既先述十二紀，是十二紀居首明矣。」其說頗可取信。

三、成書年代

呂氏春秋成書年代，太史公自序及史記太史公自序及漢書司馬遷傳載報任安書俱云：「不韋遷蜀，世傳呂覽。」後人遂有謂是書作於遷蜀之後。然駁之者，如劉知幾史通外篇雜說上篇云：「漢書載子長與任少卿書，歷說自古述作，皆因患而起。末云『不韋遷蜀，世傳呂覽。』案呂氏之修撰也，廣招俊客，比跡春陵（秋），共集異聞，擬書荀孟，思刊一字，購以千金，則當時宣布，為日久矣，豈以遷蜀之後，方始傳乎？且必以身既流移，書方見重，則又非關作者因發憤著書之義也。而輒引以自喻，豈其倫乎？若要多舉故事，成其博學，何不云：『虞卿窮愁，著書八篇』，而曰：『不韋遷蜀，世傳呂覽』，斯蓋識有不該，思有未審耳。」呂思勉史通釋評云：「劉氏（案：即指劉知幾）論事，每失之刻覈，如太史公自序，意不重在己之受刑，故但云：『遭李陵之禍，幽於縲絏。』以渾括之辭出之。其曰：『不韋遷蜀，世傳呂覽。』亦但取身廢而書行之意耳。此語本非敘不韋之著書，記呂覽之流傳，正不必斤斤於遷蜀與傳書之先後也。而皆吹毛求疵，將尋常述意達情之語，一一作敘事文看，則世間除敘事文外，他種文字，更何從下筆乎！」（註二六）劉氏以為書懸城門，徵求增損，一字千金，則其成書，時日久矣，何得在遷蜀之後，方始傳乎？呂氏駁劉氏評史公「引喻不倫」之失，並謂「不韋遷蜀，世傳呂覽。」但言身廢書行，世傳呂覽之意，不謂不韋遷蜀，而作呂覽也（註二七）。

是二氏並主呂氏春秋之成書不在不韋遷蜀之後也。案：吾人已知不韋既受賜書，不待徙蜀，遂飲酖而死，其後賓客因竊葬，而被逐奪爵者甚衆，想是書之倡導人，主編人已亡，執筆撰著之人又多遷徙散居，是否敢在懲罰之餘，從事著述，不無疑問？如謂該書作於此時，則當日懸書咸陽，赫赫不可一世，又當何解？在土崩瓦解之時，能動員大量人力，費時多載，作出綜合各家思想，體例謹嚴，全書十餘萬言之著述乎？而所謂「不韋遷蜀，世傳呂覽。」但取其著書後蒙難，而蒙難後，書傳於世之意耳；不然，不韋何嘗遷蜀，呂氏春秋何嘗傳而未著？又史公原文於「不韋遷蜀，世傳呂覽。」下文言：「韓非囚秦，說難孤憤。」此並爲述志抒情之語，而非敍事寫實之言也。蓋非未入秦，其書已傳至秦，秦王見孤憤五蠹而歎，若膠鑿以求，必失其本眞矣。

錢穆呂不韋著書考云：「考呂氏春秋安死篇曰：『以耳目所聞見，齊荆燕嘗亡矣；宋中山已亡矣；趙魏韓皆亡矣，其皆故國矣。』顧亭林日知錄謂：『作書之時，秦初幷三晉。』然考始皇七八年間，三晉皆無恙，韓最先亡，在始皇十七年，已在不韋卒後五年，趙以王遷之虜爲亡，則在韓亡後兩年。魏最後，其亡已在始皇二十二年。去不韋之卒已十年。然則呂書之成，其最後者，豈在始皇二十二年乎？是年燕薊亦拔，越三年，楚亡。又越兩年，齊亡。皆安死作者之所未及也。史記謂：『不韋遷蜀，而著呂覽。』然則呂書確有成於遷蜀之後，並有成於不韋之身後者，此亦考論秦代學術思想情況一至堪注意之點也。」（註二八）是錢氏所根據之呂氏春秋爲舊本，而畢沅與日人松皐圓並據群書治要校改其末句「趙魏韓皆亡矣，其皆故國矣。」應作「趙魏韓皆失其故國矣。」此版本之差異，或爲小儒私改之迹，或爲傳刻致誤，雖未得確定，然竟以此多疑文句，藉以斷定成書在不韋死後，恐有未妥，故賀凌虛呂氏春秋的政治理論云：「可能原係行文上的互相呼應，意指趙魏韓一如齊荆燕均曾被敵國蹂躪其大部分國土，甚至有首都被陷的事實，亦可能因傳刻有誤，而致原意有變，或係其後小儒以私意改定，實不足據以認定該書係編定於不韋自殺之後。」賀氏雖未能提出明證以實其說，然則後人繼踵而論，如陳郁夫呂氏春秋撢微云：「除宋與中山已亡國不祀之外，……齊都破於燕（西元前二八四年），楚都破於秦（西元前二七八年）；燕都破於齊（西元前三二〇年）；故云『嘗亡矣』。趙之故都晉陽，魏之故都安邑，於莊襄時已併於秦，故云『皆失其故國』。」傅武光呂氏春秋與諸子之關係一書中曾云：「然則所謂『齊荆燕嘗亡』者，就著書之賓客『耳目所能聞見』者言之，齊之嘗亡，當指臨淄破於燕，湣王亡莒之事言（西元前二八四年）。荆之嘗亡，當指郢都拔於秦，襄王走陳之事言（西元前二七八年）。燕之嘗亡，當指燕噲讓國，子之當權，以至齊人破燕，殺噲子之之事言（西元前三一四年）。所謂『宋中山已亡』者，宋微子世家：『王偃立四十七年，齊湣王與魏楚伐宋，殺王偃，遂滅宋而三分其地。』（西元前二八六年）又趙世家：『惠文王三年，滅中山，遷其王於膚施。』（西元前二九六年）是二國並滅絕而不祀。所謂『趙魏韓皆亡』者，言其土地四削，日趨於危也。……再就當時之客觀形勢觀之，三晉緊鄰於秦，故受禍最烈，喪地最多。燕齊僻居東北，遠離於秦，故受害較淺。南方之處，地廣力雄，雖亦屢逼於秦，而不似三晉之危殆，此則與燕齊略同。再則楚與燕齊又俱嘗有國都被破之鉅創，故呂書之作者，以『齊荆燕』爲一組，而謂之『嘗亡』；復以『趙魏韓』爲一組，因其喪地嚴重而謂之『皆亡』也。」陳、傅二氏之說甚辯，況且呂不韋爲該書之倡導人，寧不願見書成之日爲其在世之時乎？寧不督促儒士賓客，在其飛黃騰達，當權爲相之時出書，期得名利雙收乎？寧必在消聲匿跡，威弱勢衰之時編定乎？寧必在飲酖身後，致受小儒改定而成書乎？若此，其好士之名，何得在四公子之上乎？其建國大志，又何得見於當世乎？

呂氏春秋序意篇曰：「維秦八年，歲在涒灘，秋甲子朔，朔之日，良人請問十二紀。」後人據此，以爲是書成於始皇八年，如周中孚讀呂氏春秋云：「書成于始皇八年，有序意篇可證。」（註二九）然余考史記秦始皇本紀云：「秦始皇帝……八年……嫪毐封於長信侯，……事無大小，皆取於毐，又以河西太原郡更爲毐國。」是不韋在始皇八年，顯已失勢，書成不當在於此時；否則如何集賓客著書，布咸陽市門，懸千金其上，延諸侯游士，賞千金易字乎？

姚文田邃雅堂集卷三有云：「考淮南王安封於孝文之十六年，子長著之史記，孟堅仍其舊文，計孝文十六年，下至太初改元，六甲適一周，則是年，亦當爲丁丑。淮南子云：淮南元年冬，太一在丙子。太一即太歲，與班史顯差一歲。上推始皇元年，實爲甲寅。不韋死於始皇十二年，後十五年而秦有天下。不韋著書以前，昭襄、孝文、莊襄世及相繼，安得斷自始皇直書曰秦。其稱秦者，必在莊襄旣滅二周之後。秦本紀：昭襄五十六年卒。孝文王立，卽位後三日卒。莊襄王立，在位四年。六國表分一年入孝文，故莊襄僅三年。又記昭襄之立，在周赧王九年，下推赧王五十九年，歲在甲辰，乃昭襄之五十一年；又五年而卒。孝文嗣位一年，明年爲莊襄元年，歲在辛亥。紀表皆云是年滅二周，置三川郡。周本紀亦云：赧王五十九年，西周倍秦，與諸侯約從攻秦。秦使將軍樛攻西周；西周君奔秦，盡獻其邑。王赧卒，周民遂東亡，似是一年中事。又云：後七載，秦莊襄王滅東西周。……西周之滅，歲在乙巳。後七載爲壬子，東周亦亡。其明年癸丑，天下始易周而爲秦。……故自癸丑以後，乃可書秦，而呂覽之文，實統莊襄言之矣。」傅武光呂氏春秋與諸子之關係又云：「秋農據淮南元年冬，太歲在丙子之言，遂以丙子當是年全年之歲名，未察太初以前以十月爲歲首，一年中跨夏正兩歲之甲子也。實則淮南明言『淮南元年冬，太一在丙子。』，元年冬乃元年之歲首；非歲末。其春夏秋，則太一在丁丑矣。故淮南元年（孝文十六年）可稱丙子；亦可稱丁丑。並非差一歲。同理，太初元年，亦可兼稱丙子與丁丑，而始皇元年可稱甲寅，亦可稱乙卯。秋農之疑，至此可以冰釋。順此以推，始皇七年可稱庚申，亦可稱辛酉。蓋是年之冬（歲首），歲次庚申；而春夏秋則歲次辛酉也。秋農則誤以庚申爲是年全年之歲名，猶之乎誤以丙子爲淮南元年全年之歲名，而未察其僅限於歲首之冬也。然則呂覽所謂「歲在涒灘」者，實不當始皇之七年，因呂覽於「歲在涒灘」之下，明言「秋甲子朔」；而始皇七年秋，已非「涒灘」（申），而爲「作噩」（酉）；涒灘之秋，乃在始皇之六年，故呂覽所謂『維秦八年，歲在涒灘』者，實在始皇之六年，而非七年，明矣。」

姚氏辯之詳矣，跡近其眞，而傅氏深入剖析，終得其實。呂氏春秋成書於始皇六年，而其始作也，當在莊襄元年之後。蓋是年東周爲秦所滅，故是書謹聽篇曰：「今周室既滅，而天子已絕，亂莫大於無天子。無天子，則彊者勝弱，衆者暴寡，以兵相殘，不得休息。」遇合篇曰：「孔子周遊海內，稱于世主，……僅至於魯司寇，此天子之所以時絕也。」觀世篇曰：「今周室既滅，天子既廢，亂莫大於無天子。無天子，則彊者勝弱，衆者暴寡，以兵相殘，不得休息，今之世當之矣。」審應篇曰：「凡聽，必反諸己；審，則今無不聽矣。國久則固，固則難亡。今虞夏殷商無存者，皆不知反諸己也。」振亂篇曰：「當今之世，濁甚矣，黔首之苦，不可以加矣。天子既絕，賢者廢伏，世主恣行，與民相離，黔首無所告愬。」因而史記呂不韋列傳敍不韋命客著書，始於莊襄三年，其云：「莊襄王卽位三年薨，太子政立爲王，尊呂不韋爲相國，號稱仲父……呂不韋乃使其客人人著所聞……號曰呂氏春秋。」其審愼斟酌，蓋有以也。

【附註】

註一　史記呂不韋列傳云：「呂不韋者，陽翟大賈人也。」呂氏春秋訓解高誘序云：「呂不韋者，濮陽人也，爲陽翟富賈。」是二書並謂呂氏爲大賈。

註二　見史記呂不韋列傳。

註三　同註二。

註四　同註二。

註五　見史記秦本紀。

註六　同註二。

註七　同註二。

註　八　同註二。
註　九　同註二。
註一〇　見史記秦始皇本紀。
註一一　同註二。
註一二　同註二。
註一三　見梁玉繩史記志疑卷三十一，頁五九四引明湯聘尹史稗。
註一四　見明王世貞讀書後卷一，頁十九；在四庫全書集部六中。
註一五　見梁玉繩史記志疑卷三十一，頁五九四。
註一六　見崔適史記探原卷七，頁十六。
註一七　見錢穆秦漢史第一章第二節，頁七。
註一八　子楚本名異人，後從趙還，不韋使以楚服見，王后悅之，曰：「吾楚人也，而自子之。」乃變其名曰楚。事見戰國策秦策。
註一九　見賀凌虛呂氏春秋政治理論第一章第一節，頁九—十。
註二〇　見汪中述學補遺，頁二十。
註二一　見梁玉繩呂子校補，頁一—二。
註二二　見畢沅呂氏春秋新校正序。
註二三　見周中孚鄭堂札記五。
註二四　見國立北平圖書館館刊九卷三期。
註二五　從賀凌虛呂氏春秋的政治理論第一章第二節，頁十六。

註二六　見呂思勉史通釋評卷十六，華世出版社，頁四八四。

註二七　呂思勉經子解題亦嘗謂「史公本謂世傳呂覽，不謂不韋遷蜀而作呂覽也。」

註二八　見錢穆先秦諸子繫年考辨，頁一五九。

註二九　見鄭堂讀書記卷五十二，頁一一。

第三章　呂氏春秋八覽考

研究呂氏春秋八覽，首要對其眞僞、篇目、編次有所考訂，而後得以釐定範圍，明確體例，執此以沿波討源，振葉尋根，對研索之功，必有所助益焉。今分三節，辨證如下：

第一節　眞僞考

竊覽呂氏春秋，覺其文章可觀，義理可法，於古拙質樸中蘊藉微旨，復未經秦火肆虐，可謂先秦舊典中，較完好而可讀者。或謂是書之八覽、六論爲不韋死後司馬遷以前所附加，余先列出前人成說，以式觀其論點，繼述個人管見，以抉發其疑難，然後旁推交通，考證詳辨，務期還其本眞，重光於世。

章學誠文史通義言公上篇云：「呂氏春秋先儒與淮南鴻烈之解同稱，蓋爲集衆賓客而爲之，不能自命專家，斯固然矣。然呂氏淮南未嘗以集衆爲諱，如後世之掩人所長，以爲己有也。二家固以裁定之權自命家言，故其宗旨未嘗不約於一律（呂氏將爲一代之典要，劉安託於道家之支流。），斯又出於賓客之所不與也。」詩教下篇又云：「呂氏春秋自序以爲良人問十二紀，是八覽、六論未嘗入序次也。」

日本內藤虎次郎云：「呂氏春秋序意篇是在十二紀之最後，而今此書編次於序意篇之後，再加入八覽、六論，而此八覽、六論之中，又顯然含有呂不韋死後之事，是八覽、六論之書乃加於原書之後者，其跡可見。然今日之呂氏春秋大體與漢書藝文志之時代無大差，且其中八覽，太史公曾見之；太史公自序及報任安書有云：『不韋遷蜀，世傳呂覽。』觀此，則呂氏春秋之形狀，其變化已在太史公之前。」（註二）

張心澂僞書通考亦云：「八覽、六論中有不韋死後事，則亦章學誠所謂言公之旨，爲不韋之賓客或後人所竄入，未必八覽、六論全爲不韋死後，司馬遷以前所附加也。」

詳考史記呂不韋列傳云：「呂不韋乃使其客人人著其所聞，集論以爲八覽、六論、十二記，二十餘萬言，以爲備天地萬物古今之事，號曰呂氏春秋。」是知呂氏春秋成書之時，既有八覽、六論之明證，實不必待不韋死後，後人附加焉，而太史公自序及報任安書云：「不韋遷蜀，世傳呂覽。」蓋爲遷就身廢書行之意，不必計較其遷蜀傳書之先後。基此，何得論謂「呂氏春秋之形狀，其變化已在太史公之前」乎？

次從字數多寡推論，呂氏春秋字數，據史記呂不韋列傳云：「二十餘萬言。」文選報任少卿書注中引史記作「三十餘萬言。」高誘注呂氏序文云：「不韋乃集儒書，使著所聞，爲十二紀、八覽、六論訓解，各十餘萬言。」譚戒甫校呂遺誼云：「故友羅焌云：『呂書正文，據劉知寵本，共計十萬零一百二十九言，較畢本相差約數十字。』」（註二）蔣維喬呂氏春秋彙校在高誘序文下注云：「書鈔九九、意林注無『訓解』二字，御覽六〇二亦無『訓解』二字，『各』作『合』。」又云：「譚氏戒甫遺誼亦以此蓋淺人誤不知訓解為高注之名，以為訓解本屬呂氏春秋，因而妄行照增。」又云：「譚氏戒甫遺誼以月令孔疏亦云：『著為十二紀，合十餘萬言。』係指全書，非謂十二月紀，甚是。惟玉海四一引亦已譌『各』。」施之勉呂氏春秋二十餘萬言或三十餘萬言云：「高誘呂氏春秋序云：『不韋乃集儒書，使著其所聞，有十二紀、八覽、六論。訓解各十餘萬言。』十二紀、八覽、六論各十餘萬言，則呂氏春秋三十餘萬言矣。（文選報任少卿書引作三十餘萬言。）序又云：『誘正孟子章句，作淮南孝經解畢訖，家有此書，尋繹案省，大出諸子之右，既有脫誤，又以私意改定，猶慮傳意失其本真，少能詳之，故復依先師舊訓，輒乃為解焉，以述古儒之者，凡十七萬三千五十四言』則此十七萬三千五十四言，高誘訓解之文也。呂氏春秋，則二十餘萬言，或三十餘萬言。」（註三）綜上所述，呂氏春秋之文，共有三說：十餘萬言、二十餘萬言、三十餘萬言。賀凌虛呂氏春秋的政治理論依今本高誘註呂氏春秋逐字點算，除各卷目及各篇標題不算外，各卷字數共計十萬零四言，是呂氏春秋十餘萬言之明證。蓋各記、覽、論字數大體一致，篇目又相當整齊，縱有殘缺或竄，亦不致與史記字數相差一倍或兩倍以上，恐後來刻者失檢，傳抄失誤，有以致之；既知原書十餘萬字，則必包涵八覽、六論；否則，覽、論六萬七千餘字不屬之，則呂氏春秋何得稱謂十餘萬字，甚或二十餘萬字，三十餘萬字乎？

由各篇命題推論：考先秦諸子書如論語、老子、墨子、莊子、荀子、韓非子、呂氏春秋、韓詩外傳，其命題之法蓋有二端，或取篇首數字以爲一篇之題：如孟子梁惠王章句上正義曰：「孟子非軻自著，乃弟子共記其言，其篇目梁惠王、公孫丑、滕文公、離婁、萬章、告子、盡心七篇，各自有名。梁惠王者魏惠王也，時天下有七王皆僭號，魏惠王居大梁，故號曰梁王。聖人及大賢有道德者，王公伯侯及卿大夫咸願以爲師，孔子時諸侯問疑質禮，若弟子問師也，魯衞之君皆尊事焉，故論語或以弟子名篇，而有衞靈公、季氏之篇，孟子亦以大儒爲諸侯所師，是以梁惠王、滕文公題篇與公孫丑一例也。」或擷取全篇之要義以爲一篇之題：如管子形勢第二，唐房玄齡注：「自天地以及萬物，關諸人事莫不有形勢焉，夫勢必因形而立，故形端者勢必直，狀危者勢必傾，觸類莫不然，可以一隅而反。」荀子非相篇第五，楊涼注云：「相，視也；視其骨狀以知吉凶貴賤也。妄誕者多以此惑世，時人或務其狀貌，而忽於實際，故荀卿作此篇非之。」至於呂氏春秋八覽諸篇多言國家之治道，以有始覽居首，其下孝行、愼大、先識、審分、審應、離俗、恃君凡八覽，蓋從天地開闢論說，因天時以合人事，設神道立教化以迄郅治之要。

今考呂氏春秋始作於莊襄元年之後，成書於始皇六年，網羅晚周諸子之精英，薈萃先秦百家之眇義，其書中命題確采論、孟、老、莊之體式，或取篇首數字，如十二月紀諸篇；或擷全文要旨，如八覽、六論諸篇，辭簡意賅，範圍條貫，是知八覽、六論亦當成書於先秦，不爲後人所附加。梁啟超諸子考釋曰：「此書經兩千年，無殘缺，無竄亂，又有高誘之佳注，實古書中之最完好而易讀者。」梁氏之語，雖涉過譽，蓋今本各篇中或重文，或題旨、論斷、事例、結語等並不貫穿，甚或亦有漠不相關者，然呂氏春秋大體篇次完整，層次井然，結構劃一，文字簡練，較其他先秦古籍，實屬難求，此可從其每卷皆有重點，每篇論述，條理分明，並爲先標題旨，復加申論，舉例爲證，而作後結，見其端倪。故是書數千年來，鮮有學者惑於其僞，蓋有以也。

第二節　篇目考

漢書藝文志稱呂氏春秋共二十六篇，隋書及舊唐書經籍志，新唐書藝文志則稱二十六卷，均指其八覽、六論、十二紀等綱目數。故四庫提要云：「漢書藝文志載呂氏春秋二十六篇，今本凡十二紀、八覽、六論。記所統子目六十一，覽所統子目六十三，論所統子目三十六，實一百六十篇；漢書蓋舉其綱要。」考呂氏春秋，篇目大致完整，未有嚴重遺佚，八覽各分八篇，惟有始覽少一篇，計六十三篇；六論各六篇，計三十六篇；十二紀各五篇，末後附有序意一篇，計六十一篇，合計一百六十篇。惟序意一篇，前後文意不相連屬，或云不誤，或疑亂竄，或疑後半文當入不侵篇，或疑後半文當爲廉孝篇，並入有始覽之末，以補足其數。今錄序意全文，詳加考辨如下：

「維秦八年，歲在涒灘，秋甲子朔，朔之日，良人請問十二紀，文信侯曰：『嘗得學皇帝之所以誨顓頊矣。爰有大圜在上，大矩在下，汝能法之，爲民父母，蓋聞古之清世，是法天地。』凡十二紀者，所以紀治亂存亡也，所以知壽夭吉凶也。上揆之天，下驗之地，中審之人。若此，則是非可不可，無所遁矣。天曰順，順維生；地曰固，固維寧；人曰信，信維聽。三者咸當，無爲而行。行也者，行其數也，行其數，循其理，平其私。夫私視使目盲，私聽使耳聾，私慮使心狂，三者皆私；設精，則智無由公；智不公，則福日衰，災日隆。八曰：以日倪而西望知之，趙襄子游於囿中，至於梁，馬却不肯進，青荓爲參乘，襄子曰：『進視梁下，類有人。』青荓進視梁下，豫讓卬寢，佯爲死人，叱青荓曰：『去，長者且先有事。』青荓曰：『少而與子友，子且爲大事，而我言之，是失相與友之道。子將賊無君，而我不言之，是失爲人臣之道。如我者，惟死爲可。』乃退而自殺，青荓非樂死也，重失人臣之節，惡廢交友之道也，青荓豫讓，可謂之友也。」

曹楞跋王念孫呂氏春秋手校本有云：「呂不韋行駔儈之詐，以名位爲市，何知文字？藉賓客以成此書，賓客因自宣其蘊結，而反覆致嘅於世無眞士與知己之難求。序意曰：『私視使目盲，私聽使耳聾，私慮使心狂，三者皆私設，精則智無由公，智不公則福日衰，災日隆。』不韋侈然自大，驕蹇無狀之態，窮盡如繪，故下卽自託於青荓豫讓之爲人，蓋言不韋雖不賢，而旣爲賓客，未可悖之也。」（註四）曹氏以爲序意之文，仍爲一篇。蓋諷不韋行駔儈之詐，出驕蹇之態，痛其不賢，傷己爲客。故自託青荓豫讓之爲人，不悖其主也。然吾人深知不韋棄商謀國，與其父議，未嘗云本一利萬爲已足，而獨云澤可遺世，是其志宏偉，眼光遠大。及後，以西秦爲獵物，以異人爲奇貨，俱若其言，俱如其料，是知其智慧敏睿，膽識過人。及爲相也，遂滅東周，雄懾諸侯，施行仁政，布惠於民，不以財豢賓客，不以聲色爲娛，貴爲卿相，富有儒雅之風，禮遇文人學士，使著所聞，備天地萬物古今之事，號曰呂氏春秋，猶不敢自以爲是，遂懸諸市門，聿求增損一字者予千金，其重視學術，追求完美，可見一斑。若此，奈何得諷以狡詐驕蹇，復哀其不肖，傷己爲客乎？況賈者逐利，自古而然，於今爲烈，而戰國時代，巧詐成風，至今猶然，奈何獨諷不韋乎？徠才著書，多愛儒士，何得謂其驕蹇乎？不韋死矣，猶得竊葬，其賓客平日衷心愛戴可知，以其死能竊葬，焉得在其生前，出此晦澀序文，似斷若續，令人三讀，猶不得其諷旨乎？況序意爲全書精義所在，必出親信，以總其成，若果諷而不韋知之，豈非招禍；若果諷而不韋不知，是與不諷何異？況既其親信，焉得背逆其主，在其生時，爲其屬僚，而竟出以文字乎？余意此篇或爲後世竄亂脫簡，遂至不可竟讀；否則以序意之要，不韋必審，既審之矣，焉敢千金求易乎？或謂不韋品穢行醜，故卑其德，謂其驕詐，然吾人於前章，介紹不韋生平詳矣；何得以難明之事，評論其人乎？若是，豈非以人廢言乎？

馬其昶讀呂氏春秋云：「古之著書立言，往往篇終述己意，孟子陳堯舜以聞知見知之統，莊子天下篇之論古道術，其旨趣類宏遠。下至司馬遷班固亦各有序，言其義例，獨呂不韋爲春秋，以十二紀、八覽、六論爲綱，而其所謂序意者，即間厠十二紀後，一若亟不暇其辭之畢者何耶？余嘗取而讀之曰：『維秦八年，歲在涒灘，秋，甲子朔，良人請問十二紀，文信侯曰：嘗得學皇帝之所以誨顓頊。』託言己所以敎始皇也。中言法天地之道，而曰：『智不公，則福日衰，災日隆，以日倪西望而知之。』日倪而西望，正所謂上揆之天也。後復綴以靑荓豫讓事，曰：『少而與子友，子且爲大事，而我言之，是失相友之道。』子將賊吾君，而我不言之，是失爲人臣之道，如我者惟死爲可。』其事與前絕不類，讀者疑其錯簡。嗚呼！此微言耶！不韋以太后事，懼禍求自脫，乃進嫪毐，及始皇八年，毐封爲長信侯，益驕恣，明年遂以反誅。然則秦之八年，其殆日衰之時乎？不韋慮禍及己，中立而兩利之，一託於君，一託交友，而預言於此，以自飾其不舉發之愆，又懸其書咸陽市，誘之以金，使衆共覩，庶可告無罪於天下，彼其眞謂不可增損一字哉？揚子雄恨生不逢時，輦金而歸，識闇若此，宜見其欺於僞莽矣。不韋之作春秋，懼禍而作也。太史公知之，故曰：『不韋遷蜀，世傳呂覽。』謂其知有遷蜀之禍而爲之，豈謂遷蜀後始爲書乎？明方正學以此譏史公，失亦疏之。姦人趨避之術之工，可謂至極！世固有禍機猝發，黠者反持正論以自解免者矣。而不韋卒坐嫪毐死，不韋書言法天地，不知天道固惡僞巧，身殄族滅，爲後世笑，其所以爲大愚也。悲夫！」（註五）

馬氏意謂序意之文仍當一篇，乃不韋欲自脫於無罪，以諭始皇，懼禍而作呂氏春秋，懸書咸陽，祈告無罪，然則使若馬氏之言，不韋進毐自代，欲脫無罪，特使賓客爲文序意，以曉始皇，竊以爲智若不韋，決不出此下策。蓋隱其事跡，猶恐不及，何敢著之文字，以諭始皇，豈非自曝敗行，欲蓋彌彰乎？若諭而不知，或竟千載之下，鮮有人知，何得稱其輯智略士之作（註六）乎？而懸書咸陽，誘人以金，使衆共覩，眞可告無罪於天下乎？豈非因此，益遭秦嫉，罪加一等乎？復謂不韋之作春秋，懼禍而作，余意以爲不然。蓋呂氏春秋始作於莊襄王元年之後，成書於始皇六年，並爲不韋相國之時，功業鼎盛之刻，何必懼禍而作是書乎？竊以爲不韋破家謀國，祈求立君建國，澤遺後世，其政治抱負，固極宏遠，及功成名就，身居要津，睹諸國日削，統一勢成，唯見當時道術分裂，學術偏失，諸家之學，交相攻詰，多蔽其短，鮮崇他善，而治國理政，經緯萬端，不韋乃欲彌綸群言，深究治道，以爲治國之寶典，故有呂氏春秋之作。馬氏旣謂後段文義與前絕不相類，而以微言論，恐多穿鑿附會，揣測之辭也。

序意篇曰：「趙襄子游於囿中。」然許維遹呂氏春秋集釋此句引梁玉繩云：「從子常云：『此篇係序意，不應入此事，疑屬前篇豫讓事下，傳寫錯誤耳。』」又引洪亮吉云：「趙襄子以下一百三十六字，當在上不侵篇，是國士畜我也之下，錯簡在此。」又引孫鏘鳴云：「此文當在上篇豫讓之友謂豫讓曰上，簡錯在此。」而劉咸炘推十書雜家序意注云：「一作廉孝，誤，本節乃前篇之脫簡。」亦同梁氏等三人之見。

案：梁氏以爲趙襄子以下當在前不侵篇豫讓事下，然細審文義，趙襄子以下言靑荓豫讓之事，論其交友之道；不侵篇專言豫讓之事，論其事主之道，疑不必强合爲一篇。蓋不侵篇全文多論君臣之義，國士之忠，宜乎不得在國士盡力竭智之文義中，綴以惡廢交友之道，以身殉其友朋也。洪氏以爲趙襄子以下文字，當在上不侵篇，是國士畜我也之下，然則若此也，遂使國士畜我也，與下夫國士畜我者，文氣不甚順暢，文義亦多有割裂之痕，恐非古本之眞。孫氏以爲此文當在上篇豫讓之友謂豫讓曰下；若此，則交友之道在事主之道之前，輕者在前，重者在後，疑非古本之舊。

序意篇題下，許維遹呂氏春秋集釋本引畢沅曰：「舊云：一作廉孝，案廉孝二字，與此無涉，必有脫文。」尹仲容呂氏春秋校釋於廉孝篇題下曰：「序意篇名下舊一作廉孝，蓋二篇混而為一，各有脫佚耳。按各覽均有八篇，惟有始覽僅七篇，此廉孝篇，當屬有始覽，今移於此，以復其舊。」

案：尹氏將序意後半段之文，移有始覽，另立廉孝篇，以足其數。然是否另有廉孝篇，與序意後半段文相關，得以另立為廉孝篇，且在有始覽之末篇，蓋簡脫殘缺，莫得詳考。惟有始覽為八覽之首，其餘各覽並為八篇，不應獨有始覽七篇，則其必有缺文可知也。以下將今本呂氏春秋八覽諸篇目錄之如次：

有始覽第一凡七篇

有始　應同　去尤　聽言　謹聽　務本　諭大

孝行覽第二凡八篇

孝行　本味　胥時　義賞　長功　愼人　遇合　必己

愼大覽第三凡八篇

愼大　權勳　下賢　報更　順說　不廣　貴因　察今

先識覽第四凡八篇

先識　觀世　知接　悔過　樂成　察微　去宥　正名

審分覽第五凡八篇

審分　君守　任數　勿躬　知度　愼勢　不二　執一

審應覽第六凡八篇

審應　重言　精諭　離謂　淫辭　不屈　應言　具備

離俗覽第七凡八篇

離俗　高義　上德　用民　適威　爲欲　貴信　擧難

恃君覽第八凡八篇

恃君　長利　知分　召類　達鬱　行論　驕恣　觀表

盧文弨云：「玉海云：是書凡百六十篇，今書篇數與書目同，然序意不入數，則尙少一篇。此書分篇，極爲整齊，十二紀各五篇，六論各六篇，八覽當各八篇。今第一覽止七篇，正少一。考序意本明十二紀之義，乃末忽載豫讓一事，與序意不類，且舊校云：一作廉孝，與此篇更無涉，卽豫讓亦難專有其名，因疑序意之後半篇俄空焉，別有所謂廉孝者，其前半篇亦簡脫，後人遂强相附合，併序意爲一篇，以補總數之缺。然序意篇首無六曰二字，後人於目中輒加之，以求合其數，而不知其迹有難掩也。」（註七）案：盧氏此言，可謂的論，甚可從也。蓋從呂氏春秋全書分篇，篇目整齊而有體例，有始覽實不應少一篇，況序意之文，前後文義，不相類屬，或其後半篇，竟爲廉孝，而爲有始覽末篇，亦有可能，蓋此則合八覽覽當八篇之體例也。如以篇次文意考其爲有始覽末篇，亦屬可能，詳見下節。

第三節　篇次考

呂氏春秋全書篇次排列，雖非盡依嚴密之思想系統，然其中一部分固依類相從，如十二紀中，春季多言生，所謂「生」者，養民之生，故有本生、重己、貴生、情欲之篇；夏季言長，所謂「長」者，敎民成長，故有勸學、尊師、大樂、明理之篇；秋紀言收，所謂「收」者，肅殺之氣，故有蕩兵、振亂、禁塞、懷寵之篇；多紀言藏，所謂「藏」者，葬埋之義，故有節葬、安死、異寶、異用之篇。而八覽中每覽首章，有始、孝行、愼大、先識、審分、審應、離俗、恃君，又成一系統，由天而人，由天地之始而人事之始，復及於處世態度而至郅治之要。四庫提要云：「惟夏令言樂，秋令言兵，似乎有義，其餘則絕不可曉，先儒無說，莫之詳矣。」諒必失察之論，今考八覽篇次如下，益證其言之非。

有始篇闡述天文地理曰：「天地有始，天微以生，地塞以成，天地合和，生之大經也。……天地九野，地有九州，土有九山，山有九塞，澤有九藪，風有八等，水有六川。何謂九野？中央曰鈞天，其星角亢氐；東方曰蒼天，其星房心尾；……何謂九州？河漢之間爲豫州，周也；兩河之間爲冀州，晉也；……北方爲幽州，燕也。」是知其論天地之始，非從哲學方面作深入探討，乃作天文地理之闡述，並擧九野，九州等之名，各定其位。又曰：「凡四海之內，東西二萬八千里，南北二萬六千里，水道八千里，受水者亦八千里，通谷六，名川六百，陸注三千，小水萬數。凡四極之內，東西五億有九萬七千里，衆星與天俱游，而極星不移。」是其測量統計，雖不甚精切，亦可略窺當時學者對天文地理之認識耳。基此，崇天之浩大，因啟天人合一之思想，遂有以下應同篇之論。

應同篇言類固相召，氣同則合，天降災布祥，並有其職，所謂禍福由人自召也，其曰：「黃帝曰：『芒芒昧昧，因天之道，與元同氣。』故曰：『同氣賢於同義，同義賢於同功，同功賢於同居，同居賢於同名；帝者同氣，王者同義，覇者同功，勤者同居；則薄矣。』」故堯爲善而衆善至，桀爲非而衆非也，並以類相召，以氣合同也。

既敬天畏天，順因其道，與元同氣，故必去尤解蔽，乃能見眞得實。去尤篇曰：「世之聽者，多有所尤，有所尤，聽必悖矣，所以尤者多故。其要必因人所喜，與因人所惡，東面望者不見西牆，南鄉視者不覩北方，意有所在也。人有亡鈇者，意其鄰之子，視其行步，竊鐵也；言語，竊鐵也；動作態度，無爲而不竊鐵也。抇其谷而得其鈇，他日復見其鄰之子，動作態度無似竊鈇者，其鄰之子非變也，己則變矣，變也者無他，有所尤也。」正陳此義，設若囿尤不得去，蔽惑不得解，禍必由此起，事必因此而敗。

去尤解蔽之重要，於此可知矣，唯當從謹愼聽言爲其始，故其下有聽言，謹聽兩篇。聽言篇曰：「凡聽言不可不察。不察，則善不善不分；善不善不分，亂莫大焉。三代分善不善，故王。」又曰：「亂世之民，其去聖王亦久矣，前願見之，日夜無間。故賢王秀士之欲憂黔首者，不可不務也。功先名，事先功，言先事，不知事，惡能聽言，不知情，惡能當言。」並言聽言之要，當本於愛利，善憂黔首，以分善與不善，遂得王天下也。謹聽篇復申述知反性命之情，以禮有道之士，通乎己之不足，愉易平靜以待，然後其欲可得，其爲可成，其曰：「昔者禹一沐而三捉髮，一食而三起，以禮有道之士，通乎己之不足也。通乎己之不足，則不與物爭矣。愉易平靜以待之，使夫自以之，因然而然之，使夫自言之。亡國之主反此，乃自賢而少人，自賢而少人，則說者持容而不極，聽者自多而不得，雖有天下何益焉？」是知謹聽有得之要，而惑者，不虛心求益，不察納雅言，強不知以爲知，剛愎自用，自賢少人，百禍之宗也。

務本篇要人貴公去私，修養自我，以成其德，遂使聽言之人，得謹聽之要，而成己之榮名，其曰：「三王之佐，其名無不榮者，其實無不安者，功大故也。詩云：『有晻淒淒，興雲祁祁，雨我公田，遂及我私。』三王之佐，皆能以公及其私矣。俗主之佐，其欲名實也與三王之佐同，而其名無不辱者，其實無不危者，無功故也。皆患其身之不貴於其國也，而不患其主之不貴於天下也；皆患其家之不富也，而不患其國之不大也；此所以欲榮而愈辱，欲安而益危也。」是先私後公，先家後國，則必欲榮愈辱，欲安益危，適得其反也。

論大篇勉人要極高明而道中庸，並舉古聖先賢爲例，以明大義不成，既有成已，復要人高瞻遠矚，目光遠大，不可蔽於近安而不知遠慮，遂致害於近安。人無遠慮，必有近憂，其斯之謂乎？並備述實例，以爲鑒戒，而結論曰：「故曰：天下大亂，無有安國；一國盡亂，無有安家；一家皆亂，無有安身，此之謂也。故小之定也必恃大，大之安也必恃小，小大貴賤交相爲恃，然後皆得其所樂。」此種覆巢之下無完卵，國重於家，家重於身，爲千秋不易之理，然則此篇在務本篇論述貴公去私之旨而後出，不亦可乎？

有始覽首篇論述天文地理之認識，而後啟應同篇類同相召，氣同則合之意。而欲與元同氣，自必去尤解蔽，以知曉聽言之道，故順次有去尤、聽言、謹聽諸篇。而欲得謹聽之道，要在貴公去私，高瞻遠矚，目光遠大，故又有務本、諭大二篇。以下若再銜接廉孝篇，而論述靑井豫讓之事，以明其不「失相與友之道」「失人臣之道」而猶「務本」「諭大」之諸餘，似亦屬可能。

有始篇論天地之始，而孝行篇則論人事之端，百善之先，莫貴於孝，其曰：「凡爲天下治國家者，必先務本而後末。所謂本者，非耕耘種殖之謂，務其人也。務其人，非貧而富之，寡而衆之，務其本也。務本莫過於孝。人主孝，則名章榮，下服聽，天下譽；人臣孝，則事君忠，處官廉，臨難死；士民孝，則耕芸疾，守戰固，不敗北。夫孝，三皇五帝之本務，而萬事之綱紀也。夫執一術而百善至，百邪去，天下從者，其惟孝也。故論人必先以所親，而後及所疏；必先以所重，而後及所輕。」此種理論透闢精深，深得儒家論孝之旨。蓋於孝道之中，寄寓倫理，以別親親之等，尊尊之殺，並明忠賢之臣，必出孝子之門。

本味篇論政治之首要任務，在求得賢人，其曰：「求之其本，經旬必得；求之其末，勞而無功。功名之立，由事之本也，得賢之化也。非賢，其孰知乎事化，故曰其本在得賢。」復舉例申論得賢之功與失賢之過。

胥時篇言人之窮通，雖時之有遇有不遇之異也，唯仍强調賢人對政治之重要，其曰：「有湯武之賢，而無桀紂之時，不成；有桀紂之時，而無湯武之賢，亦不成。」又曰：「亂世之民嘆然，未見賢者也。見賢人，則往不可止。往者非其形，心之謂乎？」

義賞篇論述以義行賞罰，蓋義立則忠信親愛之道彰，民安於忠信親愛而以之爲性，則敎成。敎成，則民向義也，雖有厚賞嚴威弗能禁，其曰：「賞罰之柄，此上之所以使也，其所以加者義，則忠義親愛之道彰，久彰而愈長，民之安之若性，此之謂敎成。敎成，則雖有厚賞嚴威弗能禁。」前二篇論述得賢之要，而此篇論謂敎成之道，蓋意欲得賢而後敎民以成乎？

長功篇論述用兵攻伐之道，欲攻人之國，須先爲之備，使敵不覺，而智取之，實則，是篇內涵之要，猶在於用人唯賢，故曰：「若使桀紂不遇湯武，未必亡也。桀紂不亡，雖不肖，辱未至於此。若使湯武不遇桀紂，未必王也。湯武不王，雖賢，顯未至於此。故人主有大功，不聞不肖，亡國之主，不聞賢。」

愼人篇論述賢人政治，人君信而任之，讓而下之，若是明君，必得忠臣國士，而求賢之道，不可不務博也，其曰：「……繆公遂用之，謀無不當，擧必有功，號曰五羖大夫。賢非加也，使百里奚雖賢，無得繆公，必無此名矣。今焉知世之無百里奚哉？故人主之欲求士也，不可不務博也。」蓋百里奚嘗亡虢而虜晉，飯牛於秦，因傳鬻以五羊之皮，遂得公孫枝說而獻諸繆公也。

遇合篇論述政治上用人之道，其曰：「凡擧人之本，太上以志，其次以事，其次以功，三者弗能，國必殘亡，羣孽大至，身必死殃。」即依其個人之見解、抱負與理想，以及其辦事能力、經歷、功績等，爲擧用人才先後之標準；若此，方可謂達於論議，而能聽說者。

必己篇謂凡事但求盡其在己，不必求之在人。蓋在己則無不遇，在人則不必遇也，其曰：「君子之自行也，敬人而不必見敬，愛人而不必見愛。敬愛人者，己也；見敬愛人者，人也。君子必在己者，不必在人者也，必在己，無不遇也。」

孝行覽中本味、胥時、長功、愼人、遇合諸篇多言任賢之要與用人之道，可謂以類相從者也，唯孝行、義賞、必己諸篇雖非盡與同類，然其深究人事，隱約之間，與任賢用人，亦有關連。

愼大篇論述賢君明主要能臨淵履冰，戒愼恐懼，體認憂勞適足以興國，逸豫正所以亡身之理，其曰：「故賢主於安思危，於達思窮，於得思喪，周書曰：『若臨深淵，若履薄冰。』以言愼事也。」復歷述往事，以爲今人之鑒戒。

權勳篇論述凡事要深謀遠慮，從大事着想，不可急功近利，因小失大，其曰：「利不可兩，忠不可兼。不去小利，則大利不得；不去小忠，則大忠不至。故小利，大利之殘也；小忠，大忠之賊也；聖人去小取大。」並擧司馬子反嗜酒而殺身，虞君貪於璧馬而亡國爲例，以曉喩之。

下賢篇勉人君禮賢下士，則國治而多勝，若子產之相鄭，禮賢下士，終得桃李垂於行，人莫之援；錐刀遺於道者，人莫之擧。復曰：「魏文侯見段干木，立倦而不敢息，……文侯可謂好禮士。好禮士，故南勝荆於連隄，東勝齊於長城，虜齊侯，獻諸天子，天子賞文侯以上聞。」是禮賢之功可知矣。

報更篇以報君死國嘉勉賢士，而謂求士之道在於博，其曰：「此書之所謂德幾無小者也，宣孟德一世，猶活其身，而況德萬人乎？故詩曰：『赳赳武夫，公侯干城；濟濟多士，文王以寧。』人主胡可以不務哀士，士其難知，唯博之爲可，博則無所遁矣。」上篇言禮賢下士，此篇言報君死國，其義一也，蓋人君得禮賢之道，國士必有效死之忠也。

順說篇勉人要因勢利導，順因而行，其曰：「說之不聽也，任不獨在所說，亦在說者。善說者若巧士，因人之力以自爲力，因其來而與來，因其往而與往。不設形象，與生與長，而言之與響，與盛與衰。以之所歸，力雖多，材雖勁，以制其命。順風而呼，聲不加疾也；登高而望，目不加明也；所因便也。」並舉惠盎說康王事以證因則貧賤可以勝富貴矣，小弱可以制强大矣。

不廣篇謂舉事必因時，合義與利，則立大功，其曰：「智者之舉事必因時，時不可必成，其人事則不廣。成亦可，不成亦可，以其所能，託其所不能，若舟之與車。」又曰：「晉文公……定天子於成周，……舉事義且利，以立大功，文公可謂智矣。」蓋舉事之謀，因時合義故也。

貴因篇强調貴因順時之要，其曰：「三代所寶莫如因，因則無敵，禹通三江五湖，決伊闕，迴溝陸，注之東海，因水之力也。舜一徙成邑，再徙成都，三徙成國，而堯授之禪位，因人之心也。湯武以千乘制夏商，因民之欲也。」順說、不廣、貴因三篇，並謂爲政之道，宜因時順勢而制其宜，貴因順情而定其功。

承貴因篇而下，察今篇論法治，亦主因時變法，其曰：「古今之法，言異而典殊。故古之命，多不通乎今之言者；今之法，多不同乎古之法者。」蓋爲政治國，無法則亂，然則，守法而弗變則悖，悖亂不可以持國。因時之異，備爲之變，則宜矣。故是篇又曰：「凡先王之法，有要於時也，時不與法俱至，法雖今而至，猶若不可法，故釋先王之成法，而法其所以爲法。」此謂因時之要，不墨守成規，而法其精神，效其原則。

愼大覽中順說、不廣、貴因、察今諸篇，多論及貴因順時之要，而愼大、權勳、下賢、報更諸篇，雖非盡謂貴因順時，而所論事理，多勉人君憂勞勤苦，目光遠大，以至於禮賢下士，謂其爲「順說」以下諸篇之引言，不亦可乎？

先識篇論述人君要有先見之明，洞燭機先，要能見微知著，察近知遠，其曰：「凡國之亡也，有道者必先去，古今一也。地從於城，城從於民，民從於賢。故賢主得賢者而民得，民得而城得，城得而地得。夫地得，豈必足行其地，人說其民哉？得其要而已矣。」並舉殷內史向摯出亡奔周，晉太史屠黍歸周爲例，復謂人主之務，在於善聽，以助其洞燭機先也。

觀世篇亦論述見微知著，愼微愼始，並舉子列子卻鄭子陽之粟，終不受其害，而結論曰：「子列子除不義去逆也，豈不遠哉？且方有飢寒之患矣，而猶不苟取，先見其化也。先見其化而已動，通乎性命之情也。」

知接篇論述人君當見微知著，智有以接，不得自以爲智，卒害理悖義，智無由接，亡國危君，由此起也，其曰：「故亡國，非無智士也，非無賢者也，其主無由接故也。無由接之患，自以爲智，智必不接。今不接而自以爲智，悖。若此，則國無以存，主無以安矣。」並舉桓公不能愼微愼始，固卻管仲忠言，而私愛其所尊貴，智無由接，終至蟲流出戶，三月不葬。

悔過篇論述民可以樂成功，不可與慮化始。蓋民多見淺小私己之慮，未能有高瞻遠矚之思也，其曰：「大智不行，大器晚成，大音希聲。禹之決江水也，民聚瓦礫。及其事已成，功已立，爲萬世利，禹之所見者遠也，而民莫之知。故民不可與慮化舉始，而可以樂成功。」並舉子產治鄭，史起治鄴等故事以證成之，意謂賢者多能察近知遠也。

察微篇勉人要察其秋毫，觀化宏遠，深得先識之旨，其曰：「使治亂存亡，若高山之與深谿，若白堊之與黑漆，則無所用智，雖愚猶可矣。且治亂存亡則不然，如可知，如不可知；如可見，如不可見。故智士賢者，相與積心愁慮以求之，猶尚有管叔蔡叔之事，與東夷八國不聽之謀。故治亂存亡，其始若秋毫，察於秋毫，則大物不過矣。」並舉魯季氏與郈氏鬬雞事以明之。

去宥篇從反面立論，有所囿者，則不見輿薪之大，惟見利益之彰，遂爲所蔽，故墨者之徒，相妬進讒，離道愈遠，擧以爲諷。復擧例言，齊人欲金，見人操之，攫而强奪，蓋有所囿也。其結論曰：「夫人有所宥者，固以晝爲昏，以白爲黑，以堯爲桀，宥之爲敗亦大矣。」有所宥，則不能見微知著，不能察近知遠，必去宥然後能之。

正名篇論述正名之要，其關係甚而足以影響國家之興亡與個人之成敗，其言曰：「名正則治，名喪則亂。使名喪者，淫說也。說淫，則可不可，而然不然，是不是，而非不非。故君子之說也，足以言賢者之實，不肖者之充而已矣；足以喻治之所悖，亂之所由起而已矣；足以知物之情，人之所獲以生而已矣。」並舉尹文對齊湣王論士之例，以明名實不正，是非淆亂，則欲治反亂矣。故結論曰：「論皆若此，故國殘身危。」就正名本身而言，雖爲微小之事，然就能見微知著之賢者見之，則知其爲足以影響政治隆汚之大事也。

綜觀先識覽八篇論文，並謂要人君能洞燭機先，察微知著，或從正面敍述，如先識、觀世、知接、察微諸篇。或從反面襯托，不能聽言納諫，便無從見微知著，以至於敗，則須悔過遷善，如悔過篇是。樂成篇復從正面敍述，以明賢者之能高瞻遠矚，察近知遠。去宥篇卻以諷爲諭，明不能見微知著，爲物所蔽之害。正名篇側寫能察微知著者，必重視正名，以成其高瞻遠矚之功。

審分篇承正名篇而來，補述正名之意義，認定正名審分爲君主治政之術，其曰：「有道之主，其所以使群臣者亦有轡。其轡何如？正名審分，是治之轡已。故按其實而審其名，以求其情；聽其言而察其類，無使放悖，夫名多不當其實，而事多不當其用者，故人主不可以不審名分也，不審名分是惡壅而愈塞也。」蓋不能正名審分，則人主必憂勞勤苦，官職亦因而煩亂悖逆，禍敗亂亡，由此起也。

君守篇要人君無知無爲，守於靜，守於無，不以察察爲明，而得無爲而治之道也，其曰：「得道者必靜，靜者無知，知無知，乃可以言君道也。」「至精無爲，而萬物以化；大聖無事，而千官盡能；此之謂不教之教。……故善爲君者無識，其次無事。有識，則有不備矣；有事，則有不恢矣。不備不恢，此官之所疑，而邪之所從來也。」蓋人主清靜無爲，循名責實以御下，則人臣竭智盡力，不得藏姦爲惡以欺上。反之，人主好以己爲，表現己智，則人臣阿主循私，讒慝巧佞得由入也。

任數篇與君守篇題旨相同，而論謂無知無爲，更爲詳盡，其曰：「故至智棄智，至仁忘仁，至德不德。無言無思，靜以待時，時至而應，心暇者勝。凡應之理，清靜公素，而正始卒，焉此治紀。無唱有和，無先有隨，古之王者，其所爲少，其所因多。因者，君術也；爲者，臣道也，爲則擾矣。因多爲寒，因夏爲暑，君奚事哉？故曰：君道無知無爲，而賢於有知有爲，則得之矣。」此論無知無爲，深得儒道法諸家之要。蓋得儒家要求人君德化，道家要求人君順應自然，法家要求人君任其法術，正名審分以至於無知無爲之意蘊。

勿躬篇論述善用臣子之才能，使盡智竭能，以達無爲而治之功也，其曰：「聖人之所以治天下也，聖人不能二十官之事，然而使二十官盡其巧，畢其能，聖王在上故也。聖王之所不能也，所以能之也；所不知也，所以知之也。養其神，修其德而化矣，豈必勞形愁慮弊耳目哉？」又舉管子不任己之能，而以盡五子之能，遂得九合諸侯，一匡天下，非任賢使能之功乎？

知度篇論述人君矜服性命之情，去愛惡之心，用虛無爲本，以聽有用之言。蓋人主自以爲智巧，事必躬親，則人臣請示愈多，人主必有窮智之時。屆時，君道日失，臣道日邪，何以使下？何以待上？其曰：「人主自智而愚人，自巧而拙人；若此，則愚拙者請矣，巧智者詔矣。詔多，則請者愈多，且無不請也。主雖巧智，未無不知也，以未無不知，應無不請，其道固窮。爲人主而數窮於其下，將何以君人乎？」故又曰：「故有道之主，因而不爲，責而不詔，去想去意，靜虛以待，不代之言，不奪之事，督名審實，官使自司，以不知爲道，以奈何爲寶。」是知任賢使能則事省國治，自巧自智則事繁國亂。

愼勢篇論述因勢定分，得人君治政之道也，其曰：「水用舟，陸用車，塗用輴，沙用鳩，山用樏，因其勢也。勢因者，其令行；位尊者，其教受；威立者，其姦止；此畜人之道也。」是因勢令行而多功。蓋王也者，勢無敵也，勢無敵，則似類嫌疑之道遠矣，而欲勢無敵也，猶在審分正名也，如其曰：「疑生爭，爭生亂。是故諸侯失位，則天下亂；大夫無等，則朝廷亂；妻妾不分，則家室亂；適孽無別，則宗族亂。」唯分定名正，而後勢可無敵也。

不二篇論謂爲君者，必執一而不二，守一而不變，乃可以爲治，其曰：「故一則治，異則亂；一則安，異則危。夫能齊萬不同，愚智工拙，皆盡力竭能，如出乎一空者，其唯聖人矣乎？無術之智，不教之能，而恃彊速貫習，不足以成也。」

執一篇論謂執一不二之要，王者執一，則萬物正也。蓋軍令統一，則意志集中；施政專一，則可以爲治，其曰：「王者執一，而爲萬物正，軍必有將，所以一之也；國必有君，所以一之也；天下必有天子，所以一之也。「王者必執一，所以摶之也。一則治，兩則亂。今御驪馬，使四人人操一策，則不可以出門閭者，不一也。」

綜觀審分覽八篇論文，並申論人君之治術。審分、君守、任數三篇並明人君無爲而治之要。勿躬、知度、愼勢三篇與前三篇所論之實質內涵相近，唯勿躬篇重修己德化，以任賢使能；知度篇重去智去巧，以督名審實；愼勢篇重因勢令行，以正名審分。不二、執一二篇主張人君執一不二，守一不變以治國。蓋無知無爲所以得執一不二之道，而執一不二亦正足以無知無爲以治國也，其篇次脈胳，深得微言之旨。

審應篇謂人君出聲應言，不可不審，其曰：「凡主有識，言不欲先，人唱我和，人先我隨，以其出爲之入，以其言爲之名，取其實以責其名，則說者不敢妄言，而人主之所執其要矣。」以下並舉孔思之對魯君，公子食我之對魏惠王以爲例。

人君既當謹愼應對，自當愼重言論，故重言篇曰：「天子無戲言。天子言，則史書之，工誦之，士稱之。」並舉武王封叔虞於唐等事，以明人主之言，不可不愼。

精諭篇承審應篇、重言篇進而論謂言語之道，其曰：「故勝書能以不言說，而周公旦能以不言聽，此之謂不言之聽，不言之謀，不聞之事。殷雖惡商，不能疵矣，口喑不言，以精相告，……目視於無形，耳聽於無聲。」是不待以事喻而收其效，是精諭之道也，而此有待於見微知著者。故又曰：「唯知言之謂爲可耳，……知謂則不以言言矣。言者，謂之屬也，……故至言去言，至爲去爲。」蓋知發言之旨趣，深入察微，則可以不待其言而知其言，不待其爲而知其爲也。

離謂篇論言務兼其實，言實相離，務以毀譽，淆亂是非，以此治事，足以亂政禍國矣，其曰：「言者以諭意也；言意相離，凶也。亂國之俗，甚多流言，而不顧其實，務以相毀，務以相譽，毀譽成黨，衆口熏天，賢不肖不分，以此治國，賢主猶惑之也，又況乎不肖者乎？」並舉鄧析亂政、亂社會，逞其口舌之辯以求利，顚倒是非，混淆黑白，終遭誅戮之事以爲例。

淫亂篇進而論述言以諭心，言心相離，淫亂生焉，其曰：「凡言者，以諭心也；言心相離，而上無以參之，則下多所言非所行也，所行非所言也。言行相詭，不詳莫大焉。」並備述公孫龍、唐鞅之辯，以示淫辭之惑亂，不足取法。

不屈篇續論言實相合之要，其曰：「察士以爲得道，則未也；雖然，其應物也辭難窮矣；辭難窮，其爲禍福，猶未可知。察而以達理明義，則察爲福矣；察而以飾非惑愚，則察爲禍矣。」並備述魏惠王傳國惠子之事，以明其要。

應言篇論述美言不信，擧惠施之言以爲例，其曰：「白圭謂魏王曰：『函牛之鼎以烹雞，多洎之，則淡而不可食；少洎之，則焦而不熟；然而視之，蝺焉美，無所可用。惠子之言，有似於此。』惠子聞之曰：『不然，使三軍饑而居鼎旁，適爲之甑，則莫宜之此鼎矣。』……白圭之論悖，其少魏王大甚，以惠子之言，蝺焉美，無所可用，是魏王以言無所可用爲仲父也，是以言無所可用者爲美也。」是知虛言徒美，而不得用，名家之論，多似於此。

具備篇謂愼言之道在於精誠，精誠之至，得說與治之要也，其曰：「誠有誠，乃合於精；精有精，乃通於天。乃通於天，水火木石之性，皆可動也，又況於有血氣者乎？故凡說與治之務，莫若誠。聽言哀者，不若見其哭也；聽言怒者，不若見其鬬也，說與治不誠，其動人心不神。」是爲言語者，當具備眞誠，而後其說始足以動人。

審應覽首篇論述謹愼應對之意。繼而重言篇說明謹愼言論之要。精諭、離謂、淫亂、不屈、應言、具備等篇並謂言語之道，與審應覽之旨相近。

離俗篇論述隱士高節卓行，不與流俗合汚，唯不宜矯情離俗，以致矯枉過正，自是其義，竟輕其生，如文中之石戶之農、北人無擇、卞隨、務光、賓卑聚，皆此類也。蓋其迂濶而不實，輕生而不義，故曰：「有士曰賓卑聚，夢有壯子，白縞之冠，丹績之袧，東布之衣，新素履，墨劍室，從而叱之，唾其面，惕然而寤，徒夢也。終夜坐，不自快。明日，召其友而告之曰：『吾少好勇，年六十而無所挫辱。今夜辱，吾將索其形，期得之則可，不得，將死之。』每朝與其友俱立乎衢，三日不得，却而自刎。謂此當務，則未也。」是知矯枉飾情以離俗，不可謂當務也。

高義篇論述行必審義之要，其曰：「君子之自行也，動必緣義，行必誠意，俗雖謂之窮，通也。行不誠意，動不緣義，俗雖謂之通，窮也。然則君子之窮通，有異乎俗者也。故當功以受賞，當罪以受罰。賞不當，雖與之必辭；罰誠當，雖赦之不外。度之於國，必利長久，長久之於主必宜。內反於心，不慙然後動。」並舉孔子取舍不苟，墨子不虧義而受以明之。

上德篇論述德義之功勝於嚴刑厚賞，其曰：「爲天下及國，莫如以德，莫如以義；以德以義，不賞而民勸，不罰而邪止，此神農皇帝之政也。以德以義，則四海之大，江河之水，不能亢矣。……豈必以嚴刑厚賞哉，嚴刑厚賞，此衰世之政也。」文中復述墨子之徒，百八十三人，赴湯蹈火，死不旋踵，豈嚴刑厚賞者，足以致此乎？

用民篇主張以德以義，爲治民爲政之本，而以遂民之欲，去民之惡，爲用民之本，其曰：「凡用民，太上以義，其次以賞罰，其義則不足死，賞罰則不足去就，若是而能用其民者，古今無有。……用民有紀有綱。壹引其紀，萬目皆起；壹引其綱，萬目皆張，爲民紀綱者，何也？欲也，惡也。何欲？何惡？欲榮利，惡辱害。辱害所以爲罰充也，榮利所以爲賞實也。賞罰皆有充實，則民無不用矣。」此篇承上德篇之義，論述用民之道，唯以德義能得爲國爲君效死之臣民。

適威篇論述得民者昌，失民者亡之道，其曰：「古之君民者，仁義以治之，愛利以安之，忠信以導之，務除其災，致其福。……此五帝三王之所以無敵也。……故亂國之君使其民，不論人之性，不反人之情，煩爲教而過不適，數爲令而非不從，……故禮煩則不莊，業衆則無功，令苛則不聽，禁多則不行。桀紂之禁，不可勝數，故民不用，而身爲辱。」是仁義愛利之於治，大矣。能除民之災，致民之福，是爲得之。

爲欲篇主張使民欲無窮，則其可得用也無窮，而爲政者，審順其天，滿足民欲，則民善國治，其曰：「故人之欲多者，其可得用亦多；人之欲少者，其可得用亦少；無欲者，不可得用也。……令人得欲之道，不可不審矣。善爲上者，能令人得欲無窮，故人之可得用亦無窮也。……欲不正，以治身則夭，以治國則亡。故古之聖王，審順其天，而以行欲，則民無不令矣，功無不立矣。」蓋人之可得用者，以其有欲也。誠無欲，則賞罰不足以去就。

貴信篇論述爲政治民之道在於貴信，其曰：「凡人主必信，信而又信，誰人不親。……信立，則虛言可以賞矣。虛言可以賞，則六合之內，皆爲己有矣。……夫可與爲始，可與爲終，可與尊通，可與卑窮者，其唯信乎？信而又信，重襲於身，乃通於天，以此治人，則膏雨甘露降矣，寒暑四時當矣。」蓋信立則得民心，得民心則遂有天下，如管仲勸桓公讓四百里之地予魯莊公，以立信於天下，終得以九合諸侯，一匡天下。

舉難篇論謂舉用賢才，不可苛求全能，當權而用其長者，可也，其曰：「物固不可全也，以全舉人固難，物之情也。……故君子責人則以人，自責則以義。責人以人則易足，易足則得人。自責以義，則難爲非，難爲非則行飾，故任天下而有餘。不肖者則不然，責人則以義，自責則以人。責人以義則難贍，難贍則失親。自責以人則易爲，易爲則行苟。故天下之大而不容也，身取危，國取亡焉。」蓋求全責材，棟樑是棄，量材而使，尺木是用，而舉人求全，固甚難矣，權而用長，得其道也。

離俗覽八篇中離俗、高義、上德三篇論述德義之要及高節卓行，緣義動情，其功甚於嚴刑厚賞。基此，用民、適威、爲欲、貴信、舉難並謂治國理民之基本法則，用民篇重德義，適威篇重愛利以得民，爲欲篇重滿足人民之慾望，貴信篇重立信，雖所重容有不同，而其欲以德義而致國治民安則一也。

恃君篇論述君道之要，在於利而勿利也，其曰：「自上世以來，天下亡國多矣，而君道不廢者，天下利之也。故廢其非君道，而立其行君道者。君道何如？利而勿利者也。」蓋人類自洪荒時代遞與演進而後有群，有群而後有君，君道以義非以阿天子，阿官長也，乃在於使人群文化益加進步，全民並受其益也。

長利篇繼恃君篇要求人君利天下之人，勿利一己之私，進而要求爲人民謀求永遠之利，而不私其子孫，其曰：「利雖倍於今，而不便於後，弗爲也；安雖長久，而以私其子孫，弗行也。」表現誠心仁愛，大公無私之精神，並舉伯成子高辭於諸侯以明之。

知分篇論述君子役物而不役於物，直道而行，能達乎生死之分，則利害存亡弗能惑矣。故晏子與崔杼盟而不變其義，延陵季子吳人願以爲王而不肯，孫叔敖三爲令尹而不喜，三去令尹而不憂，皆有所達也，有所達則物弗能惑。」唯達者能以義決事，而安處之。

召類篇論謂用兵之道，當以義利爲本，能利民救民，攻暴止亂，是爲得之，其曰：「凡兵之用也，用於利，用於義。攻亂則服，服則攻者利；攻亂則義，義則攻者榮。榮且利，中主猶且爲之，有況於賢主乎？」而欲求止攻，不在於割地、屈服，而在於治。蓋治則强，强則不爲人所攻，不爲人所辱；而弱則亂，亂則雖卑辭屈從，不足以止攻。故其曰：「割地、寶器、戈劍，卑辭、屈服，不足以止攻，唯治爲足。治則爲利者不攻矣，爲名者不伐矣。……三王以上，固皆用兵也，亂則用，治則止。治而攻之，不祥莫大焉，亂而弗討，害民莫長焉，此治亂之化也。」是知能强者，則不爲敵之所弱；能治者，則不爲敵之所亂。

達鬱篇論人體精氣鬱則惡由此生矣，以此推論，國亦有鬱。君德不足以廣被，民欲不足以上達，上下鬱久，禍敗亂亡，由此起也。其曰：「凡人，三百六十節，九竅、五藏、六府、肌膚欲其比也，血脈欲其通也，……惡之生也，精氣鬱也，……國亦有鬱，主德不通，民欲不達，此國之鬱也。國之鬱處久，則百惡竝起，而萬災叢生矣。上下之相忍也，由此出矣。」並舉周厲王虐民之事以明之，得見豪士忠臣直言進諫，足以決國之鬱塞也。

行論篇論述當能忍辱負重，以義決其進退，其曰：「人主之行與布衣異，勢不便，時不利，事讎以求存，執民之命也。執民之命，重任也，不得以快志爲故。」蓋人君身繫國家之重任，不得隨己之喜惡，怒而興師，憤而致戰，遂敗其事，終亡其國。文中復舉文王事紂，凡繇勸燕王之事以明之。

驕恣篇論述人君必禮賢下士，去其驕恣輕物之心，則得人君言行修養之道，其曰：「亡國之主，必自驕，必自智，必輕物。自驕則簡士，自智則專獨，輕物則無備。無備召禍，專獨危位，簡士壅塞。欲無壅塞必禮士，欲無危位必得衆，欲無召禍必完備，三者人君之大經也。」並舉晉厲公侈淫之事以爲例，明驕恣智短，必敗其事，唯以理義督責群臣，使與爲正直，不與爲邪枉，是爲得之。

觀表篇言善審徵表者，多能見微知著，察近知遠，其曰：「人之心，隱匿難見，淵深難測，故聖人於事志焉。聖人之所以過人以先知，先知必審徵表。無徵表而欲先知，堯舜與衆人同。徵雖易，表雖難，聖人則不可以飄矣，衆人則無道至焉。」並舉郈成子、吳起之事以明之。蓋人之心欲無度，其所欲爲又不可知、不可測，故必審其徵表，而後得以料事如神。

恃君覽中恃君、長利二篇並謂人君之基本任務，而知分篇要求人君達乎生死之分，可謂繼其基本任務能利而勿利，復不私其子孫，進而自可達乎生死之分，召類篇轉而討論義兵之道，達鬱、行論、驕恣、觀表並言人君應有之言行修養及其具備之才能，俾能成就其所當行之義。

繆鉞呂氏春秋撰著攷云：「呂書非但篇目整齊，其篇次排列，似亦有意義。……如先識覽中先識、觀世、知接、悔過、樂成、察微、去宥諸篇，多論人識見之遠近高下；審分覽中審應、重言、精諭、離謂、淫辭諸篇多論言辭；離俗覽中離俗、高義、上德三篇論人之高節卓行，而用民、適威、爲欲、貴信諸篇則言人君用民之道；恃君覽中恃君、長利、達鬱、行論諸篇，多言人君所以自處之道。」（註八）今綜上所述，吾人可知今人徐文珊先秦諸子導讀所謂「每覽首章以下雜亂無章，既無中心思想，亦與總題無涉。」殆失之未審。蓋每覽首章以下，雖非盡依嚴密之思想系統，然其中多以類相從，脈胳一貫，絕非可以雜亂無章喻之，而一筆抹殺。每覽各篇既多以類相從，故必有所重，有始覽重去尤、聽言；孝行覽重任用賢人之道；愼大覽重貴因順勢；先識覽重察微知著；審分覽重無爲而治；審應覽重愼言之道；離俗覽重德義及爲政治民之道；恃君覽重爲人君之道；是其所重者，即爲是覽之中心思想，何得謂其無中心思想乎？而先識覽中觀世、知接、樂成、察微四篇正面論述見微知著，與該覽題旨相近，悔過篇從反面襯托敍述，因不能納諫，則不能察微知著，去宥篇復從反面諷刺，而後以正名篇歸結於正名之要。蓋正名之要所以察微知著也，而欲察微知著，宜當重視正名，是該覽八篇並與總題有關。審分覽中前六篇論君主無爲之要，後二篇謂執一不二之要，是八篇並申論君主之治術，而總題正名審分尤爲人君治政之綱領，故可謂是八篇並爲總題之分論。審應覽重人君謹愼應對之要，其中重言、精諭、離謂、淫辭、不屈、應言、具備七篇並謂愼言之道，與首篇之旨相近。基此，則徐先生竟謂八覽首章以下，並與總題無涉，蓋失之遠也。

【附註】

註一　見江俠庵編譯先秦經籍考內尙書編次考。又見張心澂僞書通考頁八三九。
註二　見文哲季刊三卷一期。
註三　見大陸雜誌三十九卷九期。
註四　見許維遹呂氏春秋集釋附考。
註五　見東方雜誌十三卷十二號。
註六　見漢書藝文志雜家錄呂氏春秋二十六篇，下題秦相呂不韋輯智略士作。
註七　見許維遹呂氏春秋集釋附考。
註八　見中國文化硏究彙刊第六卷二〇三八頁。

第四章　八覽與先秦諸子之關係

呂氏春秋之特色，在於彌綸群言，折衷諸子，而其間八覽諸篇多論修身與治國之道。吾人欲明其統諸，窺其意蘊，自宜探究其與先秦諸子之關係，而後始得免於郢書燕說之誚耳！

第一節　與儒家之關係

壹、論　孝

論語學而篇曰：「有子曰：『其爲人也孝弟，而好犯上者鮮矣！不好犯上，而好作亂者，未之有也。君子務本，本立而道生。孝弟也者，其爲仁之本與！』」孟子盡心上篇曰：「親親而仁民，仁民而愛物。」孝經開宗明義章曰：「仲尼居，曾子侍，子曰：『先王有至德要道，以順天下，民用和睦，上下無怨，汝知之乎？』曾子避席曰：『參不敏，何足以知之！』子曰：『夫孝，德之本也，敎之所由生也。』是知儒家以孝爲修己治人之本，並將倫理之孝，推而及於政治之道。就倫理言，孝爲仁之本；就政治言，孝爲善之根。

案：呂氏春秋亦有相同之見解，其務本篇曰：「若夫內事親，外交友，必可得也。苟事親未孝，交友未篤，是所未得，惡能善之矣。」孝行篇曰：「凡爲天下治國家者，必務本而後末。……務本莫過於孝。人主孝，則名章榮，下服聽，天下譽；人臣孝，則事君忠，處官廉，臨難死；士民孝，則耕芸疾，守戰固，不敗北。夫孝，三皇五帝之本務，而萬事之綱紀也。夫執一術而百善至，百邪去，天下從之者，其惟孝也。故論人必先以所親，而後及所疏；必先以所重，而後及所輕。今有人於此，行孝敬於親重，而不簡慢於輕疏，則是篤謹孝道。」是此以孝爲百善之根，猶儒家以孝爲仁德之本，二者並同以孝爲務本之道；而此所論之「事親」「交友」，以及「人主」「人臣」「士民」之孝，並從修身推及於治人，與儒家之義同；所論「親疏」「重輕」之義，蓋與孟子「親親，仁民，愛物」者同。

論語泰伯篇曰：「曾子有疾，召門弟子曰：『啟予足！啟予手！』詩云：『戰戰兢兢，如臨深淵，如履薄冰。』而今而後，吾知免夫！」孝經開宗明義章曰：「子曰：『身體髮膚，受之父母，不敢毀傷，孝之始也。』」是知儒家主張兢兢業業，臨淵履冰，敬行其身，不得毀傷，全受全歸，可謂孝矣。

案：呂氏春秋亦然，其孝行篇曰：「曾子曰：『父母生之，子弗敢殺；父母置之，子弗敢廢；父母全之，子弗敢闕。故舟而不游，道而不徑，能全支體，以守宗廟，可謂孝矣。』……樂正子春下堂而傷其足，瘳而數月不出，猶有憂色。門人問之曰：『夫子下堂而傷足，瘳而數月不出，猶有憂色，敢問其故？』樂正子春曰：『善乎而問之；吾聞之曾子，曾子聞之仲尼，父母全而生之，子全而歸之，不虧其身，不損其形，可謂孝矣。君子無行咫步而忘之，余忘孝道也，是以憂。』故曰：身者，非其私有也，嚴親之遺躬也。」意謂敬行父母之遺躬，無行頤步而忘孝道，必當全生全歸，與儒家之旨，若合符節。

孝經天子章述愛親、敬親，而後德教加於百姓，爲四夷之法則，此蓋天子之孝。呂氏春秋孝行篇全承其意曰：「故愛其親，不敢惡人；敬其親，不敢慢人。愛敬盡於事親，光耀加於百姓，究於四海，此天子之孝也。」

案：呂氏春秋孝行篇曰：「曾子曰：『身者，父母之遺體也；行父母之遺體，敢不敬乎？居處不莊，非孝也；事君不忠，非孝也；莅官不敬，非孝也；朋友不篤，非孝也；戰陣無勇，非孝也。五行不遂，災及乎親，敢不敬乎？商書曰：『刑三百，罪莫重於不孝。』……民之本敬曰孝，其行孝曰養。養可能也，敬爲難；敬可能也，安爲難；安可能也，卒爲難。父母既歿，敬行其身，無遺父母惡名，可謂能終矣。仁者，仁此者也；禮者，履此者也；義者，宜此者也；信者，信此者也；彊者，彊此者也。樂自順此生也，刑自順此作也。」是知呂氏春秋在消極方面，若儒家要求敬守其身，全受全歸；在積極方面，更甚而要求奮勉犧牲，完成道德，因而論及「五行」「三難」「仁、禮、義、信、彊。」諸德目，並皆以「孝」爲其行爲之根本動機，此猶較儒家有所擴充發揮者也。

論語爲政篇曰：「子游問孝？子曰：『今之孝者，是謂能養；至於犬馬，皆能有養；不敬，何以別乎？』」，又同篇：「子夏問孝？子曰：『色難。有事，弟子服其勞；有酒食，先生饌；曾是以爲孝乎？』」是知儒家所重視奉養之道，在於心志之敬，態度之愉，而非服勞之勤，酒食之豐。

案：呂氏春秋承此論述行孝之道，非僅以「能養」爲已足，尤須深切實踐「善養」，始得爲孝之道也，故孝行篇曰：「養有五道：修宮室，安牀笫，節飲食，養體之道也；樹五色，施五采，列文章，養目之道；正六律，龢五聲，雜八音，養耳之道也；熟五穀，烹六畜，龢煎調，養口之道也；龢顏色，說言語，敬進退，養志之道也；此五者，代進而序用之，可謂善養矣。」

貳、貴信

論語學而篇曰：「子曰：『道千乘之國，敬事而信，節用而愛人，使民以時。』」又同篇曰：「子曰：『弟子入則孝，出則弟，謹而信，汎愛衆，而親仁，行有餘力，則以學文。』」爲政篇曰：「子曰：『人而無信，不知其可也。大車無輗，小車無軏，其何以行之哉？』」顏淵篇曰：「子貢問政？子曰：『足食，足兵，民信之矣。』……曰：『自古皆有死，民無信不立。』」子路篇曰：「子曰：『上好信，則民莫敢不用情。』」衛靈公篇曰：「君子義以爲質，禮以行之，孫以出之，信以成之，君子哉！」是知儒家將修己立身之信，推及於治人施政之道，因而確立貴信之旨。

案：呂氏春秋由天時而人事，由人事而治政，以論貴信之要，是與儒家同其旨趣，然更爲暢述與發揮，此見貴信篇之文，卽可知之，其曰：「天行不信，不能成歲；地行不信，草木不大；春之德風，風不信，其華不盛，華不盛，則果實不生；夏之德暑，暑不信，其土不肥，土不肥，則長遂不精；秋之德雨，雨不信，其穀不堅，穀不堅，則五種不成；冬之德寒，寒不信，其地不剛，地不剛，則凍閉不閟。天地之大，四時之化，而猶不能以不信成物，又況乎人事？君臣不信，則百姓誹謗，社稷不寧；處官不信，則少不畏長，貴賤相輕；賞罰不信，則民易犯法，不可使令；交友不信，則離散鬱怨，不能相親；百工不信，則器械苦僞，丹漆不貞。夫可與爲始，可與爲終，可與卑窮者，其爲信乎？信而又信，重襲於身，乃通於天，以此治人，則膏雨甘露降矣，寒暑四時當矣。」又論述曰：「信之爲功大矣。信立，則虛言可以賞，虛言可以賞，則六合之內，皆爲己有矣。信之所及，盡制之矣。制之而不用，人之有也；制之而用之，己之有也。己有之，則天地之物，畢爲用矣。人主有見此論者，其王不久矣。人臣有知此論者，可以爲王者佐矣。」並舉齊桓公伐魯，魯莊公與曹翽挾持桓公，要求封於汶地，桓公許之，遂得見信於天下，成就其九合諸侯，一匡天下之功，以明信之可貴。而在爲欲篇又論晉文公伐原，與士期七日，七日至而原不下，遂命去之，以見信於士卒。期年，復伐之，與士期，得原而後反，遂下原。衛人以其至信，乃歸之。此攻原得衛者，蓋信之至也。呂氏春秋所論「君臣」「處官」「賞罰」「交友」「百工」之不信，正若「大車無輗，小車無軏」之意；「天地之物，畢爲用矣。」卽「信以成之」之意；而齊桓公、晉文公之事卽「民無信不立」「上好信，則民莫敢不用情」之意；復論天時運行之不信，必不成物，而增益其說之可信。

叁、貴　義

孟子公孫丑上篇曰：「自反而不縮，雖褐寬博，吾不惴焉？自反而縮，雖千萬人，吾往矣！」又公孫丑下篇嘗論述孟子辭齊餽金，而受薛宋餽贐之義。又離婁上：「義，人之正路也。……舍正路而不由，哀哉！」又同篇曰：「君義莫不義，君正莫不正；一正君而國定矣。」又離婁下篇曰：「孟子曰：『非禮之禮，非義之義，大人弗爲。』」是知儒家重視自反不慙於內心之義，而以此義取決其事理之當與不當，以及賞罰之辭與受；必行正義之賞罰，而後天下可以定；若行不正義，若舍正路而不由，哀哉！

案：呂氏春秋亦有相同之見解，其高義篇曰：「君子之自行也，動必緣義，行必誠義，俗雖謂之窮，通也；行不誠義，動不緣義，俗雖謂之通，窮也；然則君子之窮通，有異乎俗者也。故當功以受賞，當罪以受罰。賞不當，雖與之必辭，罰誠當，雖赦之不外。……內反於心，不慙然後動。」此「動必緣義，行必誠意。」正孟子所謂「非義之義，大人弗爲。」而俗之所謂窮通，正孟子哀歎之意；賞罰務必得當，正孟子辭受之義；「內反於心，不慙然後動。」正孟子「自反而縮，雖千萬人，吾往矣！」之義。高義篇又曰：「孔子見齊景公，景公致廩丘以爲養，孔子辭不受，入謂弟子曰：『吾聞君子當功以受祿；今說景公，景公未之行，而賜之廩丘，其不知丘亦甚矣！』令弟子趣駕，辭而行。孔子，布衣也，官在魯司寇，萬乘難與比行，三王之佐不顯焉，取舍不苟也夫。」此與孟子辭受之義，同其旨趣。該篇又述石渚以私其親爲孝，其父殺人，追及之，不忍其父行法，遂伏斧鑕，歿頭乎王廷；此蓋儒家「自反而縮」之義。呂氏春秋義賞篇論述人主行賞罰之道，其敍城濮之戰，晉文公用咎犯之言，而敗楚國，反而行賞，雍季竟在咎犯之上。蓋雍季之言，義正辭嚴，足利百世；咎犯之計，一時之務，權變而已。故孔子聞之曰：「臨難用詐，足以却敵；反而尊賢，足以報德。」又敍趙襄子於晉陽解圍之後，賞有功者五人，高赫雖無功，然在憂約之中，不失君臣之禮，遂得賞爲首功。孔子聞之曰：「襄子可謂善賞者矣，賞一人，而天下爲人臣者，莫敢失禮。」是儒家賞罰之道在義不在功，與「君義莫不義，君正莫不正，一正君而國定矣。」同其意蘊，並猶有「內反不慙」之意。

肆、致誠

荀子不苟篇曰：「君子養心莫善於誠，至誠則無它事矣；唯仁之爲守，唯義之爲行。誠心守仁則形，形則神，神則能化矣。誠心行義則理，理則明，明則能變矣。變化代興，謂之天德。天不言而人推高焉，地不言而人推厚焉，四時不言而百姓期焉；夫此有常以至其誠者也。君子至德，嘿焉而喻，未施而親，不怒而威；夫此順命，以愼其獨者也。善之爲道者，不誠則不獨，不獨則不形，不形則雖作於心，見於色，出於言，民猶若未從也；雖從必疑。天地爲大矣，不誠則不能化萬物；聖人爲知矣，不誠則不能化萬民；父子爲親矣，不誠則疏；君上爲尊矣，不誠則卑。夫誠者，君子之所守也，而政事之本也；唯所居以其類至。操之則得之，舍之則失之。操而得之則輕，輕而獨行，獨行而不舍，則濟矣。濟而材盡，長遷而不反其初，則化矣。……誠信生神，夸誕生惑。」中庸二十章曰：「誠者，天之道也；誠之者，人之道也。誠者，不勉而中，不思而得，從容中道，聖人也；誠之者，擇善而固執之者也。」又二十二章曰：「唯天下至誠，為能盡其性；能盡其性，則能盡人之性；能盡人之性，則能盡物之性；能盡物之性，則可以贊天地之化育；可以贊天地之化育，則可以與天地參矣。」又二十三章曰：「唯天下至誠為能化。」二十四章曰：「至誠如神。」是知儒家以至誠為人心性修養之功夫；唯至誠如神，足以盡與而化育萬物；而其所止至誠，則以類自至，故致誠亦為人君治政之本也。

案：呂氏春秋亦然，其不屈篇曰：「自行不可幸，必為誠。」具備篇曰：「誠乎此者形乎彼。……三月嬰兒，軒冕在前，弗知欲也；斧鉞在後，弗知惡也；慈母之愛諭焉，誠也。故誠有誠，乃合於精；精又精，乃通於天；水火木石之性，皆可動也，又況於有血氣者乎？故凡說與治之務，莫若誠，聽言哀者，不若見其哭也；聽言怒者，不若見其鬭也。說與治不誠，其動人心不神。」此「自行不可幸，必為誠。」正「君子養心莫善於誠」；「誠者，君子之所守也。」「誠之者，人之道也。」「擇善而固執之者也」之意；「誠乎此者行乎彼。……誠有誠，乃合於精。」正「誠心守仁則形」「誠心行義則理」之意；「乃通於天，水火木石之性，皆可動也」正「神則能化」「明則能變」之意，亦猶中庸所謂「至誠」也；「說與治之務，莫若誠。」正「誠者，君子之所守也，而政事之本也。」之意，以上並謂「致誠」之道。「說與治不誠，其動人心不神。」正「不誠則不能化萬民」之意，並謂「不誠」

之害；是二家論說，多有相同之旨。

伍、知命

論語顏淵篇曰：「子曰：『君子不憂不懼。』」孟子萬章上篇：「孟子曰：『莫之爲而爲者，天也；莫之致而至者，命也。』」又同篇曰：「孔子進以禮，退以義；得之不得曰有命。」孟子盡心上篇曰：「孟子曰：『求則得之，舍則失之；是求有益於得也，求在我者也。求之有道，得之有命；是求無益於得也，求在外者也。』」又盡心下篇曰：「孟子曰：『君子行法以俟命而已。』」是知儒家要人盡其在我，行禮踐義，求之不得，安之若命。

案：呂氏春秋亦然，其愼人篇曰：「功名大立，天也，爲是故，因不愼其人，不可。夫舜遇堯，天也，舜耕於歷山，陶於河濱，漁於雷澤，天下說之，秀士從之，人也。夫禹遇舜，天也；禹周於天下，以求賢者，事利黔首，水潦川澤之湛滯壅塞可通者，禹盡爲之，人也；夫湯遇桀，武遇紂，天也；湯武修身積善爲義，以憂苦於民，人也。……孔子窮於陳蔡之閒。……子貢曰：『如此者，可謂窮矣。』孔子曰：『是何言也？君子達於道之謂達，窮於道之謂窮。今丘也抱仁義之道，以遭亂世之患，其所也，何窮之謂？』故內省而不疚於道，臨難而不失其德。大寒既至，霜雪既降，吾是以知松柏之茂也。昔桓公得之莒，文公得之曹，越王得之會稽，陳蔡之阨，於丘其幸乎？孔子烈然反琴而弦歌，子路仡然執干而舞。子貢曰：『吾不知天之高也，不知地之下也。古之得道者，窮亦樂，達亦樂，所樂非窮達也，道得於此，則窮達一也，爲寒暑風雨之序也。」遇合篇曰：「凡遇，合也；時不合，必待合而後行。……遇，合也，無常，說適然也。」必己篇曰：「外物不可必。……若夫萬物之情，人倫之傳則不然，成則毀，大則衰，廉則剉，尊則虧，直則骫，合則離，愛則隳，多智則謀，不肖則欺；胡可得而必？……君子之自行也，敬人而不必見敬；愛人而不必見愛。敬愛人者，己也；見敬愛者，人也。君子必在己者，不必在人者也；必在己，無不遇矣。」知分篇曰：「達士者，達乎生死之分，達乎生死之分，則利害存亡弗能惑矣。……命也者，不知所以然而然者也；人事智巧以舉錯者，不得與焉。故命也者，就之未得，去之未失。國士知其若此，故以義爲之決，而安處之。」此「窮達一也」「達乎生死」「利害存亡弗能惑」之論，並爲「君子不憂不懼」之意；「不知所以然而然」「就之未得，去之未失。」正「莫之致而至者」「得之不得曰有命」之意，並謂「命」之定義；「敬愛人者，己也，……君子必在己者，不必在人者也；必在己，無不遇矣。」正是「求有益於得也，求在我者也。」之意；而「天也」「人也」之論及「以義爲之決，而安處之。」正「求之有道」之意；「凡遇，合也，無常。」正「得之有命」之意；「外物不可必，……胡可得而必。」「敬人而不必見敬，愛人而不必見愛。……見敬愛者，人也。」「人事智巧以舉錯者，不得與焉。」正「是求無益於得也，求在外者也。」之意，並謂「求之」之道；是二家並有知命之論，可以知也。

陸、德治

論語爲政篇曰：「爲政以德，譬如北辰，居其所而衆星拱之。」又曰：「道之以政，齊之以刑，民免而無恥；道之以德，齊之以禮，有恥且格。」顏淵篇曰：「季康子問政於孔子，孔子對曰：『政者正也，子帥以正，孰敢不正？』」又曰：「季康子問政於孔子曰：『如殺無道，以就有道，何如？』孔子曰：『子爲政，焉用殺？子欲善，而民善矣！君子之德風，小人之德草，草上之風必偃。』」論語子路篇：「子曰：『上好禮，則民莫敢不敬；上好義，則民莫敢不服；上好信，則民莫敢不用情。』」孟子梁惠王下篇曰：「書曰：『天降下民，作之君，作之師，惟曰：其助上帝，寵之四方，有罪無罪，惟我在，天下曷敢有越厥志？』一人衡行於天下，武王恥之，此武王之勇也；而武王亦一怒而安天下之民。」又同篇曰：「孟子對曰：『賊仁者，謂之賊；賊義者，謂之殘；殘賊之人，謂之一夫。聞誅一夫紂矣，未聞弑君也。』」孟子公孫丑上篇曰：「孔子曰：『德之流行，速於置郵而傳命。』」孟子離婁上篇曰：「孔子曰：『仁，不可爲衆也。』夫國君好仁，天下無敵。」又同篇曰：「孟子曰：『桀紂之失天下也，失其民也。失其民者，失其心也。得天下有道；得其民，斯得天下矣。得其民有道；得其心，斯得民矣。得其心有道；所欲，與之聚之；所惡，勿施爾也。』」是知儒家多主張以德服人之德化政治。

案：呂氏春秋亦以此爲其政治思想之中心，其義賞篇曰：「賞罰之柄，此上之所以使也。其所以加者義，則忠義親愛之道彰；久彰而愈長，民之安之若性；此之謂敎成。敎成，則雖有厚賞嚴威弗能禁。故善敎者，不以賞罰而敎成；敎成而賞罰弗能禁。用賞罰不當，亦然，姦僞賊亂貪戾之道興；久興而不息，民之讎之若性。戎夷胡貉巴越之民是以，雖有厚賞嚴罰弗能禁。」上德篇曰：「爲天下及國，莫如以德，莫如以義；以德以義，不賞而民勸，不罰而邪止，此神農皇帝之政也。以德以義，則四海之大，江河之水，不能亢矣；太華之高，會稽之險，不能障矣；闔廬之敎，孫吳之兵，不能當矣。故古之王者，德迴乎天地，義澹乎四海，東西南北，極日月之所燭，天覆地載，愛惡不臧。虛素以公，小民皆之，莫之敵而不知其所以然，此之謂順天。敎變容改俗，而莫得其所受之，此之謂順情。故古之人，身隱而功著，形息而名彰，說通而化奮，利行乎天下而民不識；豈必以嚴刑厚賞哉？嚴刑厚賞，此衰世之政也。三苗不服，禹請攻之，舜曰：『以德可也。』行德三年而三苗服。孔子聞之曰：『通乎德之情，則孟門太行不爲險矣。故曰：『德之速，疾乎以郵傳命。』』」用民篇曰：「凡用民，太上以義，其次以賞罰。……不得造父之道，而徒得其威，無益於御。人主之不肖者，有似於此。不得其道，而徒多其威；威愈多，民愈不用。亡國之主，多以多威使其民矣。故威不可無有，而不足專恃。譬之若鹽之於味，凡鹽之用，有所託也；不適，則敗所託，而不可食。威亦然，必有所託，然後可行，惡乎託？託於愛利；愛利之心諭，威乃可行。威太甚，則愛利之心息，愛利之心息，而徒疾行威，身必咎矣，此殷夏之所以絕也。」適威篇曰：「周書曰：『民善之，則畜也；不善，則讎也。』有讎而衆，不若無有。厲王，天子也，有讎而衆，故流於彘，禍及子孫，微召公虎，而絕無後嗣。今世之人主多欲衆之，而不知善之，此多其讎也。不善則不有，有必緣其心，愛之謂也。有其形，不可謂有之。……古之君民者，仁義以治之，愛利以安之，忠信以導之，務除其災，致其福。故民之於上也，若璽之於塗也，抑之以方則方，抑之以圜則圜，若五種之於地也，必應其類，而蕃息於百倍。此五帝三王之所以無敵也，身已終矣，而後世化之如神。」恃君篇曰：「天下之亡國多矣，而君道不廢者，天下利之也。故廢其非君之道，而立其行君道。君道何如？利而勿利者也。……置君非以阿君也，置天子非以阿天子也，置官長非以阿官長也。」知分篇曰：「使不肖以賞罰，使賢以義。」此「爲天下及國，莫如以德，莫如以義，……此神農皇帝之政也。」正「爲政以德」之意；「凡用民，……其次以賞罰。」「使不肖以賞罰」正「道之以政，齊之以刑，民免而無恥。」之意，而「用賞罰不當，……姦爲賊亂貪戾之道興，……雖有厚賞嚴罰弗能禁。」益深論「道之以政，齊之以刑。」之害；「其所加者義，則忠信親愛之道彰，……教成而賞罰弗能禁。」「凡用民，太上以義。」「使賢以義」正「道之以德，齊之以禮，有恥且格。」之意；「古之君民者，仁義以治之，……忠信以導之，務除其災，致其福。」正「政者正也」之意；「故古之人，身隱而功著，形息而名彰，說通而化奮，利行天下而民不識，豈必嚴罰厚賞哉！……德之速，疾乎以郵傳命。」正「子帥以正，孰敢不正？」「子爲政，焉用殺？……君子之德風，小人之德草，草上之風必偃。」「德之流行，速於置郵而傳命。」之意；「故民之於上也，若璽之於塗也，抑之以方則方，……而後世化之如神。」正「上好禮，則民莫敢不敬；上好義，則民莫敢不服；上好信，則民莫敢不用情。」之意；「愛利之心諭」「利而勿利」正「其助上帝，寵之四方。」之意；「不得造父之道，而徒得其威，……威愈多，民愈不用。亡國之主，多以多威使其民。」正「殘賊」之意；「以德以義，則四海之大，江河之水，不能亢矣；……教變容改俗，而莫得其所受之。」正「國君好仁，天下無敵。」之意；「有讎而衆，不若無有。……今世之人主，多欲衆之，而不知善之，此多其讎也。」「有其形，不可謂有之。」與「桀紂之失天下也，失其民也。失其民者，失其心也。」「同其旨趣；「不善則不有，有必緣其心。」正「得天下有道：得其民，斯得天下矣。得其民有道：得其心，斯得民矣。」之意；「民善之，則畜之；不善，則讎也。」正「所欲，與之聚之；所惡，勿施爾也。」之意；是二家淵源，脈胳分明，並主「德治」之道，可以知矣。

第二節　與道家之關係

壹、貴　虛

老子三章曰：「是以聖人之治，虛其心。」九章曰：「持而盈之，不如其已；揣而銳之，不可長保；金玉滿堂，莫之能守；富貴而驕，自遺其咎。功成，名遂，身退，天之道也。」十五章曰：「夫唯不盈，故能敝而新成。」十六章曰：「致虛極。」二十二章曰：「曲則全，枉則直，窪則盈，敝則新，少則得，多則惑。」莊子人間世篇曰：「唯道集虛。虛者，心齋也。」大宗師篇曰：「墮枝體，黜聰明，離形去知，同於大通，此謂坐忘。」是知道家欲人去其私慾成見，而以「虛」爲貴。

案：呂氏春秋亦有此論，必己篇曰：「成則毀，大則衰，廉則剉，尊則虧，直則骫，合則離，愛則隳。」知度篇曰：「君服性命之情，去愛惡之心，用虛無爲本，以聽有用之言，謂之朝。……故有道之主，因而不爲，責而不詔，去想去意，靜虛以待。」上德篇曰：「古之王者，德迥乎天地，義澹乎四海，東西南北，極日月之所燭，天覆地載，愛惡不臧，虛素以公，小民皆之。」驕恣篇曰：「亡國之主，必自驕，必自智，必輕物。……人主之患也，不在於自少，而在於自多。自多則辭受，辭受則原竭。」此「去愛惡之心，用虛無爲本。」正「虛其心」「致虛極」「虛者，心齋也。」之意；「自驕」「自智」「輕物」「自多」「辭受」「原竭」正「持而盈之，不如其已；……金玉滿堂，莫之能守；富貴而驕，自遺其咎。」之意；「成則毀，大則衰，……合則離，愛則隳。」正「夫唯不盈，故能敝而新成。」「曲則全，枉則直，……少則得，多則惑。」之意；「去想去意，靜虛以待」「愛惡不臧，虛素以公。」正「墮枝體，黜聰明，離形去知，同於大通。」之意；是二家並有「貴虛」之旨。

貳、守靜

老子十六章曰：「致虛極，守靜篤。」二十六章曰：「重爲輕根，靜爲躁君。」三十七章曰：「無欲以靜，天下將自定。」四十五章曰：「躁勝寒，靜勝熱，清靜爲天下正。」五十七章曰：「我好靜而民自正，我無事而民自富，我無欲而民自樸。」六十一章曰：「牝常以靜勝牡，以靜爲下。」莊子德充符篇曰：「人莫鑑於流水，而鑑於止水，惟止能止衆止。」是知道家要人守靜正定而不役於物。

案：呂氏春秋亦然，其審分篇曰：「清靜以公，神通乎六合，德耀乎海外，意觀乎無窮，譽流乎無止，此之謂定性於大湫，命之曰無有。……至知不幾，靜乃明幾也。」君守篇曰：「得道者必靜，靜者無知，知無知，乃可以言君道也。故曰：中欲不出謂之扃，外欲不入謂之閉。既扃而又閉，天之用密。有准不以平，有繩不以正。既平而又正，天之本靜。既靜而又寧，可以爲天下正。」任數篇曰：「凡耳之聞也，藉於靜。……至智棄智，至仁忘仁，至德不德，無言無思，靜以待時。時至而應，心暇者勝。凡應之理，清淨公素，而正始卒，焉此治紀。」勿躬篇曰：「凡君也者，處平靜，任德化，以聽其要。」知度篇曰：「有道之主，因而不爲，責而不詔，去想去意，靜虛以待。」此「靜虛以待」正「致虛極，守靜篤。」之意；「靜乃明幾」正「靜爲躁君」之意；「凡君也者，處平靜，任德化。」猶「無欲以靜，天下將自定。」之意；「清靜以公，神通乎六合，德耀乎海外，意觀乎無窮，譽流乎無止。」「清靜公素，而正始卒，焉此治紀。」猶「躁勝寒，靜勝熱，清靜爲天下正。」「我好靜而民自正」之意；「靜以待時，時至而應，心暇者勝。」猶「牝常以靜勝牡；以靜爲下。」之意；「有道之主，因而不爲，責而不詔，去想去意。」猶「人莫鑑於流水，而鑑於止水，惟止能止衆止。」之意；是二家「守靜」之旨趣相合。

叁、無　爲

老子二章曰：「是以聖人處無爲之事，行不言之教。」十六章曰：「致虛極，守靜篤，萬物並作。」二十五章曰：「道法自然」。三十七章曰：「道常無爲而無不爲。」三十八章曰：「侯王自謂孤、寡、不穀，此非以賤爲本邪？」四十八章曰：「不出戶，知天下；不窺牖，見天道；其出彌遠，其知彌少。是以聖人不行而知，不見而名，不爲而成。」四十八章曰：「爲學日益，爲道日損。損之又損，以至於無爲，無爲而無不爲。取天下常以無事，及其有事，不足以取天下。」五十七章曰：「我無爲而民自化；我好靜而民自正；我無事而民自富；我無欲而民自樸。」六十四章曰：「天下神器，不可爲也；爲者敗之，執者失之。」莊子應帝王篇曰：「順物自然，而無容私焉，而天下治矣。」是知道家對政治主張「無爲」。

案：呂氏春秋亦然，其君守篇曰：「得道者必靜，靜者無知，乃可以言君道也。……天之本靜，既靜而又寧，可以爲天下正。……不出於戶，而知天下；不窺於牖，而知天道；其出彌遠者，其知彌少。……不出者，所以出之也；不爲者，所以爲之也。……故昊天無形，而萬物以成；至精無爲，而萬物以化；大聖無事，而千官盡能，此之謂不教之教，無言之詔。……君名孤、寡，不可障壅。」任數篇曰：「君道無知無爲，而賢於有知有爲。」勿躬篇曰：「聖王之所不能也，所以能之也；所不知也，所以知之也。養其神，修其德而化矣，豈必勞形愁慮弊耳目哉？是故聖王之德，融乎若日之始出，極燭六合，而無所窮屈；昭乎若日之光，變化萬物，而無所不行。神合乎太一，生無所屈，而無不可障；精通乎鬼神，深微玄妙，而莫見其形。今日南面，百邪自正，而天下皆反其情，黔首畢樂其志，安育其性，而莫爲不成。」知度篇曰：「有道之主，因而不爲，責而不詔，去想去意，靜虛以待。」此「不教之教，無言之詔」正「處無爲之事，行不言之教」之意；「天之本靜，既靜而又寧，可以爲天下正。」猶「致虛極，守靜篤，萬物並作。」「道法自然」之意；「君道無知無爲，而賢於有知有爲。」猶「道常無爲」之意；「有道之主，因而不爲，責而不詔，去想去意，靜虛以待。」「用虛無爲本」猶「無爲」之意；「不出者，所以出之也；不爲者，所以爲之也。……故昊天無形，而萬物以化；大聖無事，而千官盡能。」「聖王之所不能也，所以能之也；所不知也，所以知之也。養其神，修其德而化矣，豈必勞形愁慮弊耳目哉？」猶「無爲而無不爲」之意；「君名孤、寡，不可障壅。」正「侯王自謂孤、寡、不穀，此非以賤爲本邪？」之意；「不出於戶，而知天下；不窺於牖，而知天道。」與老子十六章文辭小異，亦正「不行而知，不見而名，不爲而成。」之意；「得道者必靜，靜者無知，知無知，乃可以言君道。」猶「取天下常以無事，及其有事，不足以取天下。」「我無爲而民自化，我好靜而民自正，我無事而民自富，我無欲而民自樸。」「天下神器也，不可爲也，爲者敗之，執者失之。」之意；「聖王之德，融乎若日之始出，極燭六合，而無所窮屈；……今日南面，百邪自正，而天下皆反其情，黔首畢樂其志，安育其性，而莫爲不成。」猶「順物自然而無容私焉，天下治矣。」

之意；是二家並主「無爲」可以知矣。

第三節　與墨家之關係

壹、以利爲義

墨子尚賢上篇曰：「今上舉義不避遠，然則我不可不爲義，逮至遠鄙郊外之臣，門庭庶子，國中之衆，四鄙之萌人，聞之皆競爲義。……故古者堯舉舜於服澤之陽，授之政，天下平；禹舉益……九州成；湯舉伊尹……其謀得；文王舉閎夭泰顚……西土服。」經上篇曰：「義，利也。」耕柱篇曰：「義可以利人，故曰：義，天下之良寶也。」貴義篇曰：「萬事莫貴於義。……凡言凡動，利於天鬼百姓者爲之；凡言凡動，害於天鬼百姓者舍之；凡言凡動，合於三代聖王堯舜禹湯文武者爲之；凡言凡動，合於三代暴王桀紂幽厲者舍之。……必去六辟；嘿則思，言則誨，動則事，使三者代御，必爲聖人；必去喜去怒去樂去悲去愛，而用仁義，手足口鼻耳，從事於義，必爲聖人。」魯問篇曰：「教天下以義者，功亦多。」是知墨子以利爲義，以爲舉凡一切言行舉止，利於他人卽謂之義；去己之私，從事於義，便是聖人；復承認以義教天下，其功亦多。

案：呂氏春秋亦有相同之見解，其高義篇曰：「子墨子游公上過於越，公上過語墨子之義，越王說之，謂公上過曰：『子之師苟肯至越，請以故吳之地，陰江之浦，書社三百，以封夫子。』公上過往復於子墨子，子墨子曰：『子之觀越王也，能聽吾言，用吾道乎？』公上過曰：『殆未能也。』子墨子曰：『不唯越王不知翟之意，雖子亦不知翟之意。若越王聽吾言，用吾道，翟度身而衣，量腹而食，比於賓萌，未敢求仕。越王不聽吾言，不用吾道，雖全越以與我，吾無所用之。越王不聽吾言，不用吾道，而受其國，是以義糶也。義糶，何必越，雖於中國亦可。凡人不可以熟論，秦之野人，以小利之故，弟兄相獄，親戚相忍。今可得其國，恐虧其義而辭之，可謂能守行矣。其與秦之野人，相去亦遠矣。」上德篇曰：「為天下及國，莫如以德，莫如以義；以德以義，不賞而民勸，不罰而邪止。……故義之為利博矣。墨者鉅子孟勝善荊之陽城君，陽城君令守於國，毀璜以為符，約曰：『符合聽之。』荊王薨，群臣攻吳起，兵於喪所，陽城君與焉，荊罪之；陽城君走，荊收其國。孟勝曰：『受人之國，與之有符；今不見符，而力不能禁，不能死，不可。』其弟子徐弱諫孟勝曰：『死而有益陽城君，死之可矣。無益也，而絕墨者於世，不可。』孟勝曰：『不然，吾於陽城君也，非師則友也，非友則臣也。不死，自今以來，求嚴師必不於墨者矣；求賢友，必不於墨者矣；求良臣，必不於墨者矣。死之，所以行墨者之義，而繼其業者也。我將屬鉅子於宋之田襄子。田襄子，賢者也，何患墨者之絕世也。』徐弱曰：『若夫子之言，弱請先死，以除路，還刎頭於孟勝前，孟勝因使二人傳鉅子於田襄子。孟勝死，弟子死之者百八十三人，二人以致令於田襄子，欲反死孟勝於荊，田襄子止之曰：『孟子已傳鉅子於我矣，當聽，遂反死之。墨者以為不聽鉅子，不察，嚴罰厚賞，不足以致死。今世之言治，多以嚴罰厚賞，此上世之若客也。」長利篇曰：「戎夷違齊如魯，天大寒而後門，與弟子一人宿於郊外，寒愈甚，謂其弟子曰：『子與我衣，我活也；我與子衣，子活也。我，國士也，爲天下惜；子，不肖人也，不足愛也；子與我子之衣。』弟子曰：『夫不肖人也，又惡能與國士并衣哉？』戎夷太息，嘆曰：『嗟乎！道其不濟夫。』乃解衣與弟子。戎夷至夜半而死，弟子遂活。謂戎夷其能必定一世，則未之識；若夫欲利人之心，不可以加矣。達乎生死之分，仁愛之心誠也，故能以必死見其義。』此「以德以義，不賞而民勸，不罰而邪止。」猶「今上舉義……天下平……九州成……西土服。」「萬事莫貴於義」之意；「義之爲利博矣」猶「義，利也。」並以利爲義也；「戎夷……解衣與弟子，夜半而死，……欲利人之心，不可加矣。」猶「義可以利人」「凡言凡動，利於天鬼百姓者爲之，……凡言凡動，合於三代暴王桀紂幽厲者舍之。」並以利人爲義；「子墨子游公上過於越」之事，亦見墨子魯問篇，並明墨子之義；「恐虧其義而辭之，可謂能守行矣。」猶「必去六辟；嘿則思，言則誨，動則事，……從事於義，必爲聖人。」並謂去己之私，從事於義之意；「孟勝死，弟子死之者百八十三人，……嚴罰厚賞，不足以致此。」猶「教天下以義者，功亦多。」之意，以其能令弟子死不旋踵以赴義也；是二家同「以利爲義」可以知矣。

貳、尚賢

墨子尚賢上篇曰：「古者聖王之爲政，列德而尚賢，雖在農與工肆之人，有能則舉之，高予之爵，重予之祿，任之以事，斷之以令。曰：爵位不高則民弗敬，蓄祿不厚則民不信，政令不斷則民不畏，舉三者授之賢者，非爲賢賜也，欲其事之成。……古者堯舉舜於服澤之陽，授之政，天下平；禹舉益於陰方之中，授之政，九州成；湯舉伊尹於庖廚之中，授之政，其謀得；文王舉閎夭泰顛於罝罔之中，授之政，西土服。故當是時，雖在於厚祿尊位之臣，莫不敬懼而施；雖在農與工肆之人，莫不競勸而尚意。……故得士則謀不困，體不勞，名立而功成，美章而惡不生，則由得士也。是故子墨子言曰：『得意，賢士不可不舉；不得意，賢士不可不舉，尚欲祖述堯舜禹湯之道，將不可以不尚賢。夫尚賢者政之本也』」尚賢中篇曰：「自貴且智者爲政乎愚且賤者則治，自愚且(從孫始讓校補)賤者爲政乎貴且智則亂，是以知尚賢之爲政本也，故古者聖王甚尊尚賢而任使能，不黨父兄，不偏貴富，不嬖顏色。賢者舉而上之，富而貴之，以爲官長；不肖者抑而廢之，貧而賤之，以爲徒役。是以民皆勸其賞，畏其罰，相率而爲賢，是(從俞樾改)以賢者衆，而不肖者寡，此謂進賢。……賢者之治國也，蚤朝晏退，聽獄治政，是以國家治而刑法正。……是以必爲置三本。何謂三本？曰：爵位不高則民不敬也；蓄祿不厚則民不信也；政令不斷則民不畏也。故古聖王高予之爵，重予之祿，任之以事，斷予之令。」是知墨子主張「尚賢」，且其理論精闢而邃密，於尚賢之功、禮賢之道等，並皆論及。

案：呂氏春秋亦有相同見解，其謹聽篇曰：「名不徒立，功不自成，國不虛存，必有賢者。……當今之世，求有道之士，則於江海之上，山谷之中，僻遠幽閒之所；若此則幸於得之矣。得之，則何欲而不得？何爲而不成？……諸衆齊民，不待知而使，不待禮而令。若夫有道之士，必禮必智，然後其智能可盡也。」本味篇曰：「功名之立，由事之本也，得賢之化也。非賢，其孰知乎事化？故曰：其本在得賢。」下賢篇曰：「有道之士，固驕人主；人主之不肖者，亦驕有道之士；日以相驕，奚時相得。……賢主則不然，士雖驕之，而己愈禮之。……堯不以帝見善綣，北面而問焉。堯天子也，善綣布衣也，何故禮之若此其甚也？善綣得道之士也。得道之人，不可驕也。堯論其德性達智而弗若，故北面而問焉，此之謂至公。非至公，其孰能禮賢？……禮士莫高乎節欲，欲節則令行矣。」報更篇曰：「國雖小，其食足以食天下之賢者，其車足以乘天下之賢者，其財足以禮天下之賢者；與天下之賢者爲徒，此文王之所以王也。」先識篇曰：「凡國之亡也，有道者必先去，古今一也。地從於城，城從於民，民從於賢。故賢主得賢者而民得，民得而城得，城得而地得。夫地得豈必足行其地，人說其民哉？得其要而已矣。」觀世篇曰：「賢者之可得與處也，禮之也。」此「有道之士，必禮必智，然後其智能可盡也。」「非至公，其孰能禮賢？……禮士莫高乎節欲，欲節則令行矣。」「國雖小，其食足以食天下之賢者，其車足以乘天下之賢者，其財足以禮天下之賢者；與天下之賢者爲徒，此文王之所以王也。」「賢者之可得與處也，禮之也。」猶「聖王之爲政，列德之尚賢，雖在農與工肆之人，有能則擧之，高予之爵，重予之祿，任之以事，斷之以令。」「聖王甚尊尚賢而任使能，不黨父兄，不偏富貴，不嬖顏色，賢而賤之，以爲徒役。」「三本」之意，並謂「尚賢」之道；「名不徒立，功不自成，國不虛存，必有賢者。……求有道之士，……得之，則何欲而不得，何爲而不成。」「功名之立，由事之本也，得賢之化也。非賢，其孰知乎事化？故曰：其本在得賢。」「地從於民，民從於賢。故賢主得賢者而民得，民得而城得，城得而地得。夫地得豈必足行其地，人說其民哉？得其要而已矣。」猶「堯舉舜於服澤之陽，授之政，天下平；禹舉益……九州成；湯舉伊尹……其謀得；文王舉閎夭泰顛……西土服。……故得士則謀不困，體不勞，名立而功成，美章而惡不生，……尙賢者，政之本也。」「自貴且智者爲政乎愚且賤者則治，……尙賢之爲政本也。……賢者之治國也，蚤朝晏退，聽獄治政，是以國家治而刑法正。」之意，並謂「尙賢」之功；是知二家同有「尙賢」之主張可以知也。

第四節　與法家之關係

壹、尙　法

管子明法篇曰：「有法度之制者，不可巧以詐僞；有權衡之稱者，不可欺以輕重；有尋丈之數者，不可差以長短。」（註一）愼子曰：「治國無其法則亂。」（註二）申子曰：「君必有明法正義，若懸權衡以稱輕重，所以一群臣也。」（註三）商君書開塞篇曰：「立君之道，以賞禁，以刑勸。」韓非子定法篇曰：「法者，憲令著於官府，刑罰必於民心，賞存乎愼法，而罰加乎姦令者也。」二柄篇曰：「明主之所道制其臣者，二柄而已矣。二柄者，刑德也。何謂刑德？殺戮之謂刑，慶賞之謂德。爲人臣者，畏誅罰而利慶賞，故人主自用其刑德，則群臣畏其威而歸其利矣。」姦刧弑臣篇曰：「無威嚴之勢，賞罰之法，雖堯舜不能以爲治。……故善爲主者，明賞設利以勸之，使民以功賞，而不以仁義賜；嚴刑重罰以禁之，使民以罰誅，而不以愛惠免。」難三篇曰：「法者，編著之圖籍，設之於官府，而布之於百姓者也。」是知法家主張「尚法」。

案：呂氏春秋亦然，其謹聽篇曰：「人主之性，莫過乎所疑，而過於其所不疑；不過乎所不知，而過於其所以知。故雖不疑，雖已知，必察之以法，揆之以量，驗之以數；若此，則是非無所失，而舉措所過矣。」義賞篇曰：「故使之者至，物無不爲；使之者不至，物無可爲。古之人審其所以使，故物莫不爲用。賞罰之柄，此上之所以使也。」察今篇曰：「治國，無法則亂。……凡舉事，必循法以動。」用民篇曰：「民之用也有故，得其故，民無不用矣。用民有紀有綱，壹引其紀，萬目皆起；壹引其綱，萬目皆張。爲民紀綱者，何也？欲也，惡也。何欲？何惡？欲榮利，惡辱害。辱害所以爲罰充也，榮利所以爲賞實也。賞罰皆有充實，則民無不用矣。」此「凡舉事，必循法以動」蓋「有法度之制者，不可巧以詐僞。」之故；「治國，無法則亂」與所引愼子文句甚似，唯少一「其」字耳；「必察之以法，揆之以量，驗之以數；若此，則是非無所失，而舉措無所過矣。」猶「君必有明法正義，若懸權衡以稱輕重，所以一群臣也。」之意；「古之人審其所以使，故物莫不爲用。賞罰之柄，此上之所以使也。」正「立君之道，以賞禁，以刑勸。」「法者，憲令著於官府，刑罰必於民心，賞存乎愼法，而罰加乎姦令者也。」「法者，編著之圖籍，設之官府，而布之於百姓者也。」「善爲主者，明賞設利以勸之，使民以功賞，……嚴刑重罰以禁之，使民以罰誅。」之意；「爲民紀綱」正「制民二柄」之意；「使之者不至，物無可爲。」猶「無威嚴之勢，賞罰之法，雖堯舜不能以爲治。」之意，以上並謂「尙法」之道；是二家並主「尙法」，可以知也。

貳、任勢

管子君臣篇曰：「內有疑妻之妾，此宮亂也；庶有疑適之子，此家亂也；朝有疑相之臣，此國亂也。」愼子德立篇曰：「立天子者，不使諸侯疑焉；立諸侯者，不使大夫疑焉；立正妻者，不使嬖妾疑焉；立嫡子者，不使庶孼疑焉。疑則動，兩則爭，雜則相傷。害在有與，不在獨也。故臣有兩位者國必亂；臣兩位而國不亂者，君在也。恃君而不亂矣，失君必亂。子有兩位者家必亂；家不亂者，父在也。恃父而不亂矣，失父必亂。臣疑其君，無不危之國；孼疑其宗，無不危之家。」威德篇曰：「騰蛇遊霧，飛龍乘雲，雲罷霧霽，與蚯蚓同，則失其所乘也。」愼子曰：「兩貴不相事，兩賤不相使。」（註四）韓非子難勢篇曰：「賢人而詘於不肖者，則權輕位卑也。不肖而能服於賢者，則權重位尊也。堯爲匹夫，不能治三人；而桀爲天子，能亂天下，吾以此知勢位之足恃，而賢智之不足慕也。」八經篇曰：「勢者，勝衆之資也。」功名篇曰：「夫有材而無勢，雖賢不能制不肖，故立尺材於高山之上，而下臨千仞之谿，材非長也，位高也。桀爲天子，能制天下，非賢也，勢重也。堯爲匹夫，不能正三家，非不肖也，位卑也。千鈞得船則浮，錙銖失船則沈，非千鈞輕而錙銖重也，有勢之與無勢也。故短之臨高也以位，不肖之制賢也以勢。」人主篇曰：「萬乘之主，千乘之君，所以制天下而征諸侯者，以其威勢也。威勢者，人主之筋力也。」心度篇曰：「主之所以尊者，權也。」是知法家主張「任勢」。

案：呂氏春秋亦然，其愼勢篇曰：「失之乎數，求之乎信，疑；失之乎勢，求之乎國，危。呑舟之魚，陸處則不勝螻蟻，權鈞則不能相使，勢等則不能相并，治亂齊則不能相正。故小大輕重，少多治亂，不可不察，此禍福之門也。……勢因者，其令行；位尊者，其敎受；威立者，其姦止；此畜人之道也。……王也者，王也；王也者，勢無敵也；勢有敵，則王者廢矣。……先王之法，立天子，不使諸侯疑焉（案：陶鴻慶曰：「疑皆讀爲擬，謂相比擬也。」）；立諸侯，不使大夫疑焉；立適子，不使庶孽疑焉。疑生爭，爭生亂。是故諸侯失位，則天下亂；大夫無等，則朝庭亂；妻妾不分，則家室亂；適孽無別，則宗族亂。」此「疑生爭，爭生亂。」正「宮亂」「家亂」「國亂」之由，亦正「疑則動，兩則爭，雜則相傷。」之意，是二家多有「不使疑」之論，唯「不使疑」故能「任勢」；「位尊者，其敎受；威立者，其姦止；此畜人之道。」猶「恃君而不亂矣，失君必亂。」「恃父而不亂，失父必亂。」「不肖而能服於賢者，則權重位尊也。」之意，並謂勢位之足恃也；「權鈞則不能相使，勢等則不能相并，治亂齊則不能相正。故小大輕重，少多治亂，不可不察，此禍福之門也。」猶「兩貴不相事，兩賤不相使。」之意，並謂權勢須定於一尊；「失之乎數，求之乎信，疑；失之乎勢，求之乎國，危。呑舟之魚，陸處則不勝螻蟻。」猶「騰蛇遊霧，飛龍乘雲，雲罷霧霽，與蚯蚓同，則失其所乘也。」並謂失勢之害；「王也者，王也；王也者，勢無敵也。」猶「勢者，勝衆之資也。」「桀爲天子，能制天下，勢重也。」「萬乘之主，千乘之君，所以制天下而征諸侯者，以其威勢也。威勢者，人主之筋力也。」之意，並謂威勢之重要；「勢有敵，則王者廢矣。」猶「堯爲匹夫，不能正三家，位卑也。」之意，並謂勢有敵之病；「勢因者，其令行。」猶「千鈞得船則浮，錙銖失船則沈，非千鈞重而錙銖輕也，有勢之與無勢也。」之意，並謂因勢之重要；是知二家並有「任勢」之主張，可以知也。

叁、用術

管子君臣上篇曰：「論材量能，謀德而舉之，上之道也；專意一心，守職而不勞，下之事也。爲人君者，下及官中之事，則有司不任；爲人臣者，上共專於上，則人主失威。是故有道之君，正其德以蒞民，而不言智能聰明；智能聰明者，下之職也。所以用智能聰明者，上之道也。上之人明其道，下之人守其職，上下之分不同任，而復合爲一體，是故知善人君也，身善人役也。……主身者，正德之本也；官治者，耳目之治也；身立而民化，德正而官治，治官而化民，其要在上。」韓非子定法篇曰：「術者，因任而授官，循名而責實，操殺生之柄，課群臣之能者也，此人主之所執也。」八說篇曰：「盡思慮，揣得失，智者之所難也。無思無慮，挈前言而責後功，愚者之所易也。明主操愚者之所易，不責智者之所難，故智慮力勞不用而國治也。」有度篇曰：「夫爲人主而身察百官，則日不足，力不給。且上用目，則下飾觀；上用耳，則下飾聲；上用慮，則下繁辭。先王以三者爲不足，故舍己能，而因法數，審賞罰。」難三篇曰：「術者，藏之於胸中，以偶衆端，而潛御群臣者也。」是知法家主張「用術」。

案：呂氏春秋亦然，其審分篇曰：「為善難，任善易，奚以知之？人與驥俱走，則人不勝驥矣。居於車上而任驥，則驥不勝人矣。……人主之車，所以乘物也。察乘物之理，則四極可有。不知乘物，而自怙恃，奮其智能，多其教詔，而好自以；若此則百官恫擾，少長相越，萬邪並起，權威分移，不可以卒，不可以教，此亡國之風也。……有道之主，……按其實而審其名，以求其情；聽其言而察其類，無使放悖。」任數篇曰：「凡官者，以治為任，以亂為罪。今亂而無責，則亂愈甚矣。人主以好為示能，以好唱自奮。人臣以不爭持位，以聽從取容，是君代有司為有司也，是臣得後隨以進其業也。君臣不定，耳雖聞，不可以聽；目雖見，不可以視；心雖知，不可以舉，勢使之也。……君臣易操，則上之三官者廢矣。」勿躬篇曰：「大橈作甲子，黔如作隸數，容成作厤，羲和作占日，……此二十官者，聖人之所以治天下也。聖人不能二十官之事，然而使二十官盡其巧，畢其能，聖王在上故也。聖王之所不能也，所以能之也；所不知也，所以知之也。養其神，修其德而化矣；豈必勞形愁慮弊耳目哉？……凡君也者，處平靜，任德化，以聽其要；若此，則形性彌贏，而耳目愈精；百官慎職，而莫敢愉綖。人事其事，以充其名，名實相保，之謂知道。」知度篇曰：「明君者，非徧見萬物也，明於人主之所執也。有術之主，非一自行之也，知百官之要也。知百官之要，故事省而國治也；明於人主之所執，故權專而姦止也。姦止，則說者不來而情諭矣，情不飾而事見矣，此之謂至治。……有職者安其職，不聽其議；無職者責其實，以驗其辭；此二者審，則無用之言，不入於朝矣。……人主之患，必在任人而不能用之；用之而與不知者議之也。」此「人主以好爲示能，以好唱自奮。……是君代有司爲有司，是臣得後隨以進其業。」「養其神，修其德而化矣；豈必勞形愁慮弊耳目哉？……凡君也者，處平靜，任德化，以聽其要。」「明君者，……知百官之要，故事省而國治也；明於人主之所執也，故權專而姦止也。」猶「論材量能，謀德而舉之，上之道也。」「立身者，正德之本也；……身立而民化，德正而官治，治官化民，其要在上。」「明主操愚者之所易，不責智者之所難，故智慮力勞不用而國治也。」「舍己能而因法術，審賞罰。」「術者，藏之於胸中，以偶衆端，而潛御群臣者也。」之意，並謂人君當採「無爲而治」「無爲而無不爲」之道；「大橈作甲子，黔如作虜首，……此二十官者，聖人之所以治天下也。……使二十官盡其巧，畢其能，聖王在上故也。」「人主之患必在任人而不能用之，用之而與不知者議之也。」猶「術者，因任而授官。」之意，並謂「因任授官」之要；「有道之主，……按其實而審其名，以求其情；聽其言而察其類，無使放悖。」「人事其事，以充其名，名實相保，之謂知道。」「有職者安其職，不聽其議；無職者責其實，以驗其辭；此二者審，則無用之言，不入於朝矣。」猶「循名責實，操殺生之柄，課群臣之能，此人主之所執也。」之意，並謂「循名責實」之要；綜此，是知二家並主張「用術」，可以知也。

肆、變法

商君書更法篇曰：「其世不同教，何古之法？帝王不相復，何禮之循？……各當時而立法，因時而制禮；禮法以時而定，制令各順其宜，兵甲器備各便其用。臣故曰：『治世不一道，便國不必法古。湯武之王也，不修古而興殷夏之滅也，不易禮而亡；然則反古者未必可非，循禮者未足多事也。』」開塞篇曰：「上世親親而愛私，中世上賢而說仁，下世貴貴而尊官。民道弊而所重易，世事變而行道異。故聖人不法古，不修今。」韓非子五蠹篇云：「今有搆木鑽燧於夏后氏之世者，必爲鯀禹笑矣；有決瀆於殷周之世者，必爲湯武笑矣；然則今有美堯舜湯禹武之道於當今之世者，必爲新聖笑矣。是以聖人不期修古，不法常行，論世之事，因爲之備。」心度篇曰：「故治民無常，唯法爲治。法與時轉則治，治與事宜則有功。故民樸，而禁之以名則治，世智而維之以刑則從。時移而法不易者亂，世變而禁不變者削。故聖人之治民也，法與時移，而禁與能變。」是知法家主張「變法」。

案：呂氏春秋亦然，其察今篇曰：「古今之法，言異而典殊。故古之命，多不通乎今之言者；今之法，多不同乎古之法者。……先王之法，胡可得而法；雖可得，猶若不可法。凡先王之法，有要於時也，時不與法俱至，法雖今而至，猶若不可法。……先王之所以爲法者，人也；而己亦人也。故察己則可以知人，察今則可以知古，古今一也，人與我同耳。……故治國，無法則亂，守法而弗變則悖，悖亂不可以持國，世易時移，變法宜矣。……故凡舉事，必循法以動。變法者因時而化，若行之此論，則無過務矣。夫不敢議法者，衆庶也；以死守法者，有司也；因時變法者，賢主也。……時已徙矣，而法不徙，以此爲治，豈不難哉？」此「守法而弗變則悖」猶「前世不同教，何古之法？帝王不相復，何禮之循？」「時移而治不易者亂」之意；「世易時移，變法宜矣。」猶「各當其時而立法，因時而制禮。禮法以時而定，制令各順其宜，兵甲器備各便其用。」「法與時轉則治，治與事宜則有功。」之意；「凡舉事，必循法以動，變法者因時而化。」猶「治事不一道，便國不必法古。……反古者未必可非，循禮者未足多是。」之意；「古今之法，言異而典殊。故古之命，多不通乎今之言者；今之法多不同乎古之法者。……先王之法，胡可得而法，……時不與法俱至，法雖今而至，猶若不可法。」猶「世事變而行道異，故聖人不法古，不修今。」「聖人不期修古，不法常可，論世之事，因爲之備。」之意；以上並謂「變法」之道，是二家並有「變法」之主張，可以知也。

第五節　與名家之關係

壹、反對苛察繳繞

公孫龍子通變法云：「曰：『二有一乎？』曰：『二無一。』曰：『二有右乎？』曰：『二無右。』

』曰：『二有左乎？』曰：『二無左。』曰：『右可謂二乎？』曰：『不可。』曰：『左可謂二乎？』曰：『不可。』曰：『左與右可謂二乎？』曰：『可。』」又云：「謂變非不變可乎？曰：『可。』曰：『右有與，可謂變乎？』曰：『可。』曰：『變奚（據俞樾校改）？』曰：『變右。』曰：『右苟變，安可謂右？苟不變，安可謂變？』曰：『二苟無左又無右，二者左與右，奈何？』」堅白論云：「堅、白、石、三，可乎？曰：『不可。』曰：『二，可乎？』曰：『可。』曰：『何哉？』曰：『無堅得白，其舉也二；無白得堅，其舉也二。……視不得其所堅，而得其所白者，無堅也。拊不得其所白，而得其所堅，得其堅也，無白也。……得其白，得其堅，見與不見，見（據俞樾校補）與不見離，一一不相盈，故離。離也者，藏也。』」名實論云：「天地與其所產焉，『物』也。物以物其所物而不過焉，『實』也。實以實其所實，不曠焉，『位』也。……夫『名』，實謂也。知此之非此也，知此之不在此也，則不謂也（據俞樾校訂）。知彼之不在彼也，則不謂也。」是知名家之論，多以理智分辨共相、個體、抽象、具體等概念；若以吾人感覺所得之知識爲根據，則以爲名家之說「然不然，可不可。」（註五）「苛察繳繞」（註六）矣。

案：呂氏春秋淫辭篇論述公孫龍之事，正可作前列名家學說之註腳，其曰：「空雒之遇，秦趙相與約，約曰：『自今以來，秦之所欲爲，趙助之；趙之所欲爲，秦助之。』居無幾何，秦興兵攻魏，趙欲救之，秦王不說。使人讓趙王曰：『約曰：「秦之所欲爲，趙助之；趙之所欲爲，秦助之。」今秦欲攻魏，趙因欲救之，此非約也。』趙王以告平原君，平原君以告公孫龍，公孫龍曰：『亦可以發使而讓秦王，曰：「趙欲救之，今秦獨不助趙，此非約也。」又曰：「孔穿公孫龍相與論於平原君所，深而辯，至於臧三耳。公孫龍言臧之三耳甚辯，孔穿不應。少選，辭而出。明日，孔穿朝。平原君曰：『昔者公孫龍之言甚辯。』孔穿曰：『然，幾能令臧三耳矣；雖然，難，願得有問於君。謂臧三耳甚難，而實非也；謂臧兩耳甚易，而實是也；不知君將從易而是者乎？將從難而非者乎？』平原君不應。明日，謂公孫龍曰：『公無與孔穿辯，其人理勝於辭，公辭勝於理。』」此公孫龍勸平原君發使讓秦王，正是「通變論」中所謂共相不變，個體常變之說；平原君以爲公孫龍「辭勝於理」者，實以其感覺所得知識，論斷名家「堅白論」「名實論」之推理，有以致之。蓋「堅白論」可致一切共相，分離而爲獨立潛存之抽象概念；「名實論」則可致「名」所謂之「實」，並不完全是「物」，是以「物」與「實」不全同也。平原君以爲既爲二耳矣，則終不可爲三耳；卽以爲凡物不可脫離共相以產生抽象之概念，致使「物」與「實」不同也。

案：呂氏春秋正名篇曰：「名正則治，名喪則亂，使名喪者，淫說也。說淫則可不可，而然不然；是不是，而非不非。……夫賢不肖，善邪辟，可悖逆，國不亂，身不危，奚待也？齊湣王是以知說士，而不知所謂士也。故尹文問其故，而王無以應；此公玉丹之所以見信，而卓齒所以見任也。任卓齒而信公玉丹，豈非以自讎邪？（下接尹文見齊王論「見侮不辱」事，從略。）論皆若此，故國殘身危。走而之穀，如衞。」審分篇曰：「今有人於此，求牛則名馬，求馬則名牛，所求必不得矣，而因用威怒，有司必誹怨矣，牛馬必擾亂矣。百官，衆有司也；萬物，群牛馬也。不正其名，不分其職，而數用刑罰，亂莫大焉。夫說以智通，而實以遇悗；譽以高賢，而充以卑下；贊以潔白，而隨以汙德；任以公法，而處以貪枉；用以勇敢，而堙以罷怯；此五者，皆以牛爲馬，以馬爲牛，名不正也。故名不正，則人主憂勞勤苦，而官職煩亂悖逆矣。國之亡也，名之傷也，從此生矣。白之顧益黑，求之愈不得者，此其義邪？」離謂篇曰：「鄭國多相懸以書者，子產令無懸書，鄧析致之；子產令無致書，鄧析倚之。令無窮，則鄧析應之亦無窮矣，是可不可無辨也。……子產治鄭，鄧析務難之，與民之有獄者約，大獄一衣，小獄襦袴，民之獻衣襦袴而學訟者，不可勝數。……鄭國大亂，民口喧譁，子產患之，於是殺鄧析而戮之，民心乃服，是非乃定，法律乃行。今世之人，多欲治其國，而莫之誅鄧析之類，此所以欲治而愈亂也。」不屈篇曰：「察士以爲得道則未也；雖然，其應物也辭難窮矣。辭難窮，其爲禍福，猶未可知。察而以達理明義，則察爲福矣；察而以飾非惑愚，則察爲禍矣。」此「說淫，則可不可，而然不然；是不是，而非不非。」「不正其名，不分其職。」「以牛爲馬，以馬爲牛，名不正也。」「令無窮，鄧析應之亦無窮矣，是可不可無辯。」並猶以感覺所得知識論謂名家「通變論」「堅白論」「名實論」之推理，有以致之。由此可知呂氏春秋反對名家，義同司馬談論六家要旨所謂：「名家苛察繳繞，使人不得反其意。」故稱其辯不當理，察以飾非者爲「淫說」；稱其以辭難窮而應物者爲「察士」，而好「淫說」之「察士」，必當誅之，若「誅鄧析之類」也；不然，則「官職煩亂悖逆矣，國之亡也，名之傷也，從此生矣。」「欲治而愈亂」也。

貳、力斥失人之情

公孫龍子白馬論云：「白馬非馬……馬者，所以命形也；白者，所以命色也；命色者，非命形也，故曰『白馬非馬。』……求馬，黃黑馬皆可致；求白馬，黃黑馬不可致。……故黃黑馬一也，而可以應有馬，而不可以應有白馬，是白馬之非馬審矣。……馬固有色，故有白馬。使馬無色，有馬如已耳，安取白馬？故白者，非馬也。白馬者，馬與白也。馬與白馬也。故曰白馬非馬也。……白者不定所白，忘之而可也。白馬者，言白定所白也。定所白者，非白也。馬者，無去取於色，故黃黑皆所以應。白馬者，有去取於色，黃黑馬皆所以色去，故白馬獨可以應耳。無去者，非有去也，故曰白馬非馬」此名家之論別名、共名之稱，然竟謂白馬非馬，實失人情之謂也。蓋馬爲共名，白馬、黃馬、黑馬爲別名，而所謂白馬、黃馬、黑馬者，僅可謂其爲多色之種類，而屬於馬類則一也；既屬同類，豈可因其外延、內包有別，而竟謂「白馬非馬」耶？況馬之形，以其爲馬而名之；白馬之形，亦以其爲馬而名之。言詞之運用，雖有不同，然其所代表之實體則一，故白馬亦是馬也。公孫龍之辯，既非正確之論，尤失人情之常之所述語焉。

案：呂氏春秋離謂篇論名家，亦多指其失人之情，其曰：「言者以諭意也；言意相離，凶也。亂國之俗，甚多流言，而不顧其實。務以相譽，毀譽成黨，衆口熏天，賢不肖不分，以此治國，賢主猶惑之也，又況乎不肖者乎？……鄭國多相縣以書者，子產令無縣書，鄧析致之；子產令無致書，鄧析倚之。令無窮，則鄧析應之亦無窮矣。是可不可無辨也，可不可無辨，而以賞罰，其罰愈疾，其亂愈疾，此為國之禁也。故辨而不當理則偽，知而不當理則詐；詐偽之民，先王之所誅也。理也者，是非之宗也。」又曰：「洧水甚大，鄭之富人有溺者，人得其死者，富人請贖之，求人求金甚多，富人黨以告鄧析，鄧析曰：『安之！人必莫之買矣。』得死者患之，以告鄧析，鄧析又答之曰：『安之！此必無所更買矣。』夫傷忠臣者，有似於此也。夫無功不得民，則以其無功不得民傷之；有功得民，則又以其有功得民傷之。人主之無度者，無以知此，豈不悲哉？比干萇弘以此死，箕子商容以此窮，周公召公以此疑，范蠡子胥以此流，死生、存亡、安危從此生矣。」又曰：「子產治鄭，鄧析務難之，與民之有獄者約，大獄一衣，小獄襦袴，民之獻衣襦袴而學訟者，不可勝數。以非為是，以是為非，是非無度，而可與不可因變。所欲勝，因勝；所欲罪，因罪。鄭國大亂，民口讙譁，子產患之，於是殺鄧析而戮之，民心乃服，是非乃定，法律乃行。今世之人，多欲治其國，而莫之誅鄧析之類，此所以欲治而愈亂也。」此「言意相離」「辨而不當理則偽，知而不當理則詐。」「無功不得民，則以其無功不得民傷之；有功得民，則又以其有功得民傷之。」「以非為是，以是為非，是非無度，而可與不可因變。所欲勝，因勝；所欲罪，因罪。」並猶「白馬非馬」之論，多失人之情矣。故呂氏春秋斥其誤，並多舉名家鄧析之事以明之，由此可知該書反對名家「專決於名，而失人之情。」（註十一）也。

【附註】

註一　意林、太平御覽卷四百二十九引此作愼子語，文小異。
註二　見藝文類聚卷五十四引。
註三　同註二。
註四　見意林引。
註五　見莊子秋水篇。
註六　見司馬談論六家要旨。
註七　同註六。

第五章　八覽中之人生哲學

秦自商鞅變法以來，民實國富，兵强勢壯，然其可爲一時之權變，終非恒久之治道。蓋極端實行法家政策，嚴刑峻法，崇尚首功，必致倫理道德斵喪殆盡，因而敎化不行，賢愚莫別，國本將爲之動搖矣。及呂不韋見秦將統一，亟思矯其尚法任刑、傷恩薄厚之弊，故特重視倫理，以爲爲天下治國者，必先務本，而務本在於務人。務其人者，非貧而富之，寡而衆之，要在提倡人生理念，使倫理得以維繫人心，使道德足以落實紮根，然後馬上得之，遂不致馬上失之，反得以藉人生理念之提倡發揚，終得長治久安之道也。此思想表現於八覽之中者尤多，故本章特爲探索之。

第一節　誠　義

壹、誠

誠爲人生哲學之要義，以其爲立身行事之動力也。蓋其小者，足以感人己物我之情，而誠形生神；其至者，足以動水火木石之性，而化育萬物。故荀子不苟篇云：「誠心守仁則形，形則神，神則能化矣。」中庸二十二章云：「唯天下至誠，爲能盡其性；能盡其性，則能盡人之性；能盡人之性，則能盡物之性；能盡物之性，則可以贊天地之化育。」二十五章云：「誠者，自成也；而道，自道也。誠者，物之終始；……君子誠之爲貴。誠者，非自成己而已也，所以成物也。成己，仁也；成物，知也；性之德也，合內外之道也，故時措之宜也。」是誠之爲用也大矣。

呂氏春秋具備篇論「誠」之功效曰：「誠乎此者形乎彼，……三月嬰兒，軒冕在前，弗知欲也；斧鉞在後，弗知惡也；慈母之愛諭焉，誠也。故誠有誠，乃合於精；精有精，乃通於天；水火木石之性，皆可動也；又況於有血氣者乎？」是誠能相感，至誠則化。及其感也，三月嬰兒，弗知欲惡，然猶知慈母之愛諭焉；及其化也，金石爲開，木石可動。蓋精誠之所至，其功效不可不謂大矣。此以誠行之於修身感物也。

使以誠行之於政事，其爲功亦巨。中庸二十章云：「凡爲天下國家有九經，所以行之者一也。」朱熹註云：「一者，誠也。一有不誠，則是九者皆爲虛文矣。」三十二章云：「唯天下至誠，爲能經綸天下之大經，立天下之大本，知天地之化育。」蓋其至誠，故宅心仁德，淵淵其淵，浩浩其天，以此治民，不賞而民勸，不罰而邪止，爲政之清平，亦可期也。

呂氏春秋具備篇論「誠」之於「治」曰：「今有羿蠭蒙繁弱於此而無弦，則必不能中也。中，非獨弦也，而弦為中之具也。夫立功名亦有具，不得其具，雖賢過湯武，則勞而無功矣。湯嘗約於鄗薄矣，武王嘗窮於畢裎矣，伊尹嘗尼於庖廚矣，太公嘗隱於釣魚矣，賢非衰也，智非愚也，皆無其具也。故凡立功名，雖賢，必先其有具，然後可成。」是篇並舉宓子施於行政，使民闇行，若有嚴刑於旁，蓋宓子先有其備也，以此乙事以明之。此「具」「備」之意，深究其實，並謂「誠」之意也。唯「誠」為「中之具也」；唯「誠」然後「可成」；唯「誠」然後有宓子之功。故該篇曰：「凡說與治之務，莫若誠。」

然則不誠者，其害若何？呂氏春秋不屈篇曰：「魏惠王謂惠子曰：『上世之有國者，必賢者也。今寡人賢不若先生，願得傳國。』惠子辭，王又固請曰：『寡人有萬乘之國於此者也，而傳之賢者，民之貪爭之心止矣，欲先生之以此聽寡人也。』惠子曰：『若王之言，則施不可而聽矣。王固萬乘之主也，以國與人猶尚可。今施布衣也，可以有萬乘之國而辭之，此其止貪爭之心愈甚也。』惠王謂惠子曰：『古之有國者，必賢者也。』夫受之賢者，舜也，是欲惠子之為舜也。夫辭而賢者，許由也，是惠子欲為許由也。傳而賢者，堯也，是惠王欲為堯也。堯舜許由之行，非獨堯傳舜受而由辭也，他行稱此。今無其他，而欲為堯舜許由，故惠王布冠而拘於鄄，齊威王幾弗受，惠子易衣變冠，乘輿而走，幾不出乎魏境。凡自行不可以幸，必為誠。」惠王自慚不賢，欲以讓國，欲以止民貪爭之心，然無他行稱此，是其徒慕虛名，非出於誠，故終曰：「古之有國者，必賢者也。」既不得讓國之實，竟又稱有國者，必賢者也，其意謂己為賢，亦可知也。始而謙稱不肖，末而誇己為賢，是其「不誠」之意，昭然若揭，終至「布冠拘鄄」宜也。使惠施引其善端，去其虛妄，出於至誠，敷教興讓，則魏民親親不爭，魏國大有可爲也。竟不此之圖，更以虛名誇己，不匡其惡，益助其非，惠施「不誠」也，甚矣，遂至「乘輿而走，幾不出乎魏境。」也，宜矣。是此君臣二人，並可謂「不誠無物」也。

呂氏春秋不屈篇曰：「匡章謂惠子於魏王之前曰：『螣螟，農夫得而殺之，奚故？爲其害稼也。今公行，多者數百乘，步者數百人，少者數十乘，步者數十人，此無耕而食者，其害稼亦甚矣。』惠子曰：『施也難以辭與公相應。雖然，請言其志。今之城者，或操大築乎城上，或負畚而赴乎城下，或操表掇以晞望，若施者，其操表掇者也。使工女而化爲絲，不能治絲；使大匠化而爲木，不能治木；使聖人化而爲農夫，不能治農夫。施而治農夫者也，公何事比施於螣螟乎？』惠子之治魏無本，其治不治。當惠王之時，五十戰而二十敗，所殺者不可勝數，大將愛子有禽者也。大術之愚，爲天下笑，得舉其諱，乃請令周太史更著其名。圍邯鄲三年，而弗能取，士民罷潞，國家空虛，天下之兵四至，衆庶誹謗，諸侯不譽，謝於翟翦而更聽其謀，社稷乃存，名寶散出，土地四削，魏國從此衰矣。仲父，大名也；讓國，大實也。說以不聽不信，聽而若此，不可謂工矣。不工而治，賊天下莫大焉，幸而獨聽於魏也。以賊天下爲實，以治之爲名，匡章非之，不亦可乎？」此蓋惠施「不誠」，故其既爲魏相，有治政之名，當求政事之效，竟不此之圖，反以「工女」「大匠」「聖人」之文，强辭奪理，飾非惑愚，塞匡章之責，堵直諫之善，遂益使「國家空虛」「衆庶誹謗」「名寶散出」「土地四削」，此不誠之害也大矣，宜乎呂氏春秋視其爲害稼之螣螟，而當誅殺者也。綜此可知惠施之不誠，遂致盡爲虛文矣。

貳、義

呂氏春秋上德篇曰：「晉獻公爲麗姬遠太子，太子申生……以劍死。公子夷吾自屈奔梁。公子重耳自蒲奔翟，去翟過衞，衞文公無禮焉。過五鹿，如齊，齊桓公死。……之鄭，鄭文公不敬。被瞻諫曰：『臣聞賢主不窮窮；今晉公子之從者，皆賢者也。君不禮也，不如殺之。』鄭君不聽。去鄭之荆，荆文王慢焉。去荆之秦，秦繆公入之晉。旣定，興師攻鄭，求被瞻，被瞻謂鄭君曰：『不若以臣與之。』鄭君曰：『此孤之過也。』被瞻曰：『殺臣以免國，臣願之。』被瞻入晉軍，文公將烹之，被瞻據鑊而呼曰：『三軍之士皆聽瞻也。自今以來，無有忠於其君，忠於其君者將烹。』文公謝焉，罷師，歸之於鄭，且被瞻忠於其君，而君免於晉患也。行義於鄭，而見說於文公也，故義之爲利博矣。」長利篇曰：「戎夷違齊如魯，天大寒而後門，與弟子一人宿於郭外，寒愈甚，謂其弟子曰：『子與我衣，我活也；我與子衣，子活也。我，國士也，爲天下惜；子，不肖人也，不足愛也，子與我子之衣。』弟子曰：『夫不肖人也，又惡能與國士幷衣哉。』戎夷太息嘆曰：『嗟乎！道其不濟夫！』乃解衣與弟子，戎夷至夜半而死，弟子遂活。……欲利人之心，不可以加矣，達乎生死之分，仁愛之心誠也，故能以必死見其義。」此不計個人之死生窮達，以利國利人爲義，猶墨家之義也。故被瞻願殺身以免國，戎夷願解衣以活弟子，二者死生有別，然爲義者一也。

孟子公孫丑上篇曰：「行一不義，殺一不辜，而得天下，皆不爲也。」離婁上篇曰：「自暴者，不可與有言也；自棄者，不可與有爲也。言非禮義，謂之自暴也；吾身不能居仁由義，謂之自棄也。仁，人之安宅也；義，人之正路也。」此以義爲人之正道，要求爲人行事，當唯義是歸，不自暴自棄，不曠仁舍義，亦卽能不惑於世俗之窮達也。呂氏春秋高義篇，亦有與此說相合處，如曰：「君子之自行也，動必緣義，行必誠義，俗雖謂之窮，通也。行不誠義，動不緣義，俗雖謂之通，窮也。然則君子之窮通，有異乎俗者也！故當功以受賞，當罪以受罰。賞不當，雖與之必辭；罰誠當，雖赦之不外。……內反於心，不慚然後動。」是君子之窮通，不在世俗之成見，而在行動之合義與否？賞罰之辭受，不在上之所與或赦，而在其行爲之的當與否？是「義」之要義，在於能「內反於心，不慚然後動。」綜上所述，呂氏春秋之所謂義者，蓋不慚於心之利他行爲也。

然則行義之道何如耶？必在取舍不苟，守義不虧，凡事宜辭，絕不妄取，亦不見小利而害大義；必去一己之私，使從事於義。呂氏春秋高義篇曰：「孔子見齊景公，景公致廩丘以爲養，孔子辭不受。入謂弟子曰：『吾聞君子當功以受祿，今說景公，景公未之行，而賜之廩丘，其不知丘亦甚矣。』令弟子趣駕，辭而行。孔子，布衣也，官在魯司寇，萬乘難與比行，三王之佐不顯焉，取舍不苟也夫。子墨子游公上過於越，公上過語墨子之義，越王說之，謂公上過曰：『子之師苟肯至越，請以故吳之地，陰江之浦，書社三百，以封夫子。』公上過往復於子墨子，子墨子曰：『子之觀越王也，能聽吾言，用吾道乎？』公上過曰：『殆未能也。』子墨子曰：『不唯越王不知翟之意，雖子亦不知翟之意。

若越王聽吾言，用吾道，翟度身而衣，量腹而食，比於賓萌，未敢求仕；越王不聽吾言，不用吾道，而受其國，是以義糶，義糶何必越，雖於中國亦可。』凡人不可不熟論，秦之野人，以小利之故，弟兄相獄，親戚相忍，今可得其國，恐虧其義而辭之，可謂能守行矣。其與秦之野人，相去亦遠矣。」孔子賜不妄取，故雖爲布衣，而能得素王之尊。子墨子不以義糶，執義守行，辭越王之封，可謂去私從義也。二者並得行義之道，故名顯身榮，爲後世仰戴。是以知分篇又述晏子與崔杼盟，而以義爲之決，遂安處之，終不變其義之事，以明「守義不虧」爲立身處事之道也。

能「守義不虧」，進而要能「舍生取義」，孟子告子上篇曰：「魚，我所欲也；熊掌，亦我所欲也；二者不可得兼，舍魚而取熊掌者也。生，我所欲也；義，亦我所欲也；二者不可得兼，舍生而取義者也。生亦我所欲，所欲有甚於生者，故不爲苟得也。死亦我所惡，所惡有甚於死者，故患有所不辟也。……非獨賢者有是心也，人皆有之，賢者能勿喪耳。」呂氏春秋亦有近此之說法，其高義篇曰：「荆昭王之時，有士焉曰石渚，其爲人也，公直無私。王使爲政，道有殺人者，石渚追之，則其父也，還車而反，立於廷曰：『殺人者，僕之父也。以父行法，不忍；阿有罪，廢國法，不可；失法伏罪，人臣之義也。』於是乎伏斧鑕，請死於王。王曰：『追而不及，豈必伏罪哉？子復事矣。』石渚辭曰：『不私其親，不可謂孝子；事君枉法，不可謂忠臣；君令赦之，上之惠也；不敢廢法，臣之行也。』不去斧鑕，刎頭乎王廷。正法枉，必死。父犯法而不忍，王赦之而不肯，石渚之爲人也，可謂忠且孝矣。」上德篇曰：「墨者鉅子孟勝善荆之陽城君，陽城君令守於國。……荆收其國。孟勝曰：『受人之國，與之有符，

今不見符而力不能禁，不能死，不可。……吾於陽城君也，非師則友也，非友則臣也，不死，自今以來，求嚴師必不於墨者矣，求賢友必不於墨者矣，求良臣必不於墨者矣，死之所以行墨者之義，而繼其業者也。』……孟勝死，弟子死之者百八十三人。」此石猎、孟勝之死，並為遺生行義，同於孟子之謂；唯孟子從心之所宜存養處言，要人光大明德，學古聖先賢之風範；呂氏春秋從死之所以見義處言，要人不計身後，學俊傑國士之豪情；二家同其所必同，異其所不可不異，此蓋呂氏春秋彌綸群言，綜合儒墨之說，而又偏於墨道貴義之旨也。

呂氏春秋離俗覽篇曰：「非其義，不受其利。」高義篇曰：「孔子，布衣也，官在魯司寇，萬乘難與比行，三王之佐不顯焉，取舍不苟也夫。」上德篇曰：「義之為利博矣。」是知義之為功，可謂至矣。故吾人治國用民亦當以義為之，誠如上德篇曰：「為天下及國，莫如以德，莫如以義；以德以義，不賞而民勸，不罰而邪止。……嚴罰厚賞，不足以致此。今世之言治，多以嚴罰厚賞，此上世之若客也。」用民篇曰：「凡用民，太上以義，其次以賞罰。」蓋民無常用也，無常不用也，唯得其義則可化民成俗，敦厚世風，不賞民勸，不罰邪止，而此絕非嚴罰厚賞，去義就刑，所能致也。

第二節　務本

論語學而篇曰：「有子曰：『其為人也孝弟，而好犯上者鮮矣！不好犯上，而好作亂者，未之有也。君子務本，本立而道生。孝弟也者，其爲人之本與！』」是知君子務本，在於孝悌。蓋事親孝者，其行移於事君必忠，誠所謂「忠臣必出孝子之門」也；事兄敬者，其行移於事長必恭，誠所謂「不好犯上，而好作亂者，未之有也。」推而及之，唯事親孝者，其事兄必敬；事君忠者，其事長必恭。蓋「悌」道實「孝」道之延申也，綜此可知務本莫貴於孝。論語子路篇曰：「子適衞，冉有僕。子曰：『庶矣哉！』冉有曰：『既庶矣，又何加焉？』曰：『富之』。曰：『既富矣，又何加焉？』曰：『敎之』。」君子既務本，推而之於行政，非求耕耘種植，庶而且富，要在能敎化百姓，移風易俗也。不然，逸居而無敎，則迹近禽獸，而未庶雖宜使庶，未富雖宜使富，然則未庶富矣，亦不可不敎也。故「庶」、「富」、「敎」三者，雖有次第之別，而尤以「敎」爲不可須臾緩也。此所謂「敎」者，當以「孝」爲其本務可知也。呂氏春秋孝行篇曰：「凡爲天下治國家者，必先務本而後末。所謂本者，非耕耘種植之謂，務其人也。務其人，非貧而富之，寡而衆之，務其本也，務本莫過於孝。」此與儒家之說大致雷同。

孝經開宗明義章曰：「先王有至德要道，以順天下，民用和睦，上下無怨，……夫孝，德之本也，敎之所由生也。」是知孝爲德性之根本，一切敎化都從此產生。故古代聖德之王，秉此至德要道，以順天下之心，行此至善之化，遂使上下臣民和睦無怨。蓋爲人君者，以孝治天下，則擧國民人，譽美稱羨，顯彼榮名，信服聽從；爲人臣者，以孝侍君，則爲官誠廉，親上愛民，臨患不避，爲君死義；爲人民者，以孝事父兄，則勉力耕作，趨善去邪，守職固戰，爲上效死。故「孝」之爲功，可謂至矣。

呂氏春秋孝行篇曰：「務本莫貴於孝，人主孝，其名章榮，下服聽，天下譽；人臣孝，則事君忠，處官廉，臨難死；士民孝，則耕耘疾，守戰固，不罷北。夫孝，三皇五帝之本務而萬事之紀也。夫執一術而百善至，百邪去，天下從者，其惟孝也。」此與孝經之說足以互相發明。

然者行孝之道何如耶？就天子言，當以愛敬為主。蓋天子愛敬己親，則能推及及人，而以其所親及其所疏，以其所重及其所輕，進而愛敬天下之人。此行愛敬於親重，而不簡慢於輕疏，可謂篤謹孝道，故知天下所以平治也。以君上愛敬於親，復施德教於百姓，使人人皆愛敬其親，不敢有惡慢其父母之行，此得博愛廣敬之道也。呂氏春秋孝行篇曰：「愛其親，不敢惡人；敬其親，不敢慢人。愛敬盡於事親，光耀加於百姓，究於四海，此天子之孝也。」此與孝經天子章文小異，是二家見解相同。

庶人之孝，首要在於全其支體以守宗廟。蓋父母既全而生之，為人子者，當善體親心，全受全歸，毋勞父母之憂，又何能殺而廢之乎？故呂氏春秋孝行篇曰：「曾子曰：『父母生之，子弗敢殺；父母置之，子弗敢廢；父母全之，子弗敢闕。故舟而不游，道而不徑，能全支體，以守宗廟，……故父母全而生之，子全而歸之，可謂孝矣。』」並舉樂正子春下堂傷足，瘳而數月不出，猶有憂色之事，以明不虧身損形，始可謂孝。

既能全受全歸，猶當養體承志，使其居處安適，飲食合宜，耳目歡暢，並能龢色悅言，養志順意，誠如呂氏春秋孝行篇曰：「養有五道：修宮室、安床笫、節飲食，養體之道也；樹五色、施五采、列文章，養目之道也；正六律、龢五聲、雜八音，養耳之道也；熟五穀、烹六畜、龢煎調，養口之道也；

龢顏色、說言語、敬進退，養志之道也；此五者代進而序用之，可謂善養矣。」蓋善養其親，則父母不匱；善承其志，則父母欣慰，必達揚名聲，顯父母，光於前，裕於後之境，可謂孝之至也。

然全受全歸之意，非謂拔一毛以利天下而不爲，偏重於個人自私自利，貴生重己之意；要在能敬行其身，無忝所生，甚而事君盡忠以至於殺身，戰陣奮勇以至於成仁，並可謂孝。是以呂氏春秋孝行篇曰：「曾子曰：『身者，父母之遺體也。行父母之遺體，敢不敬乎？居處不莊，非孝也；事君不忠，非孝也；蒞官不敬，非孝也；朋友不篤，非孝也；戰陣無勇，非孝也。災及乎親，敢不敬乎？』」而父母在世，能善養其體，敬承其志，安順其意；父母既沒，能敬謹行事，節用愛人，無辱父母，則可謂孝之終也；此蓋庶人之孝也。故自天子以至於庶人，孝無始終，禍患必作，誠如孝行篇曰：「身者，嚴親之遺躬也。民之本敎曰孝，其行孝曰養。養可能也，敬爲難；敬可能也，安爲難；安可能也，卒爲難。父母既沒，敬行其身，無遺父母惡名，可謂能終矣。仁者，仁此者也；禮者，履此者也；義者，宜此者也；信者，信此者也；彊者，彊此者也；樂自順此生也，刑自逆此作也。」

第三節　聽　言

夫木受繩則直，金就礪則利，而人受諫則聖矣。唯人多喜讒好諛，誤聽邪妄，厭惡直諫，遠君子，就小人，遂壞大事。使能辨言之善惡忠奸，去讒納諫，防邪辟而就中正，則可以成就事功也。故聽言不可不察，如呂氏春秋聽言篇曰：「不察，則善不善不分，善不善不分，亂莫大焉。三代分善不善，故王。」此周厲王之所以流于彘，齊桓公所以成其霸也。蓋前者不識防民之口，甚於防川，竟以殺止謗，遂至主德不通，民欲不達，怨恨積盈，國鬱處久，百惡悉起，禍災叢生；後者聞過則喜，從諫如流，尊管仲爲仲父，言聽計從，卒成其九合諸侯，一匡天下之功。呂氏春秋達鬱篇曰：「周厲王虐民，國人皆謗，召公以告，曰：『民不堪命矣。』王怒，使衞巫監謗者，得則殺之，國人莫敢言，道路以目，王喜，以告召公曰：『吾能弭謗矣，乃不敢言。』召公曰：『是障之也，防民之口，甚於防川，川壅而潰，敗人必多。夫民猶是也，……今王塞下之口，而遂上之過，恐爲社稷憂。』王弗聽也，三年，國人流王於彘。」又曰：「管仲觴桓公，日暮矣，桓公樂之而徵燭，管仲曰：『臣卜其晝，未卜其夜，君可以出矣。』公不說，曰：『仲父年老矣，寡人與仲父爲樂將幾之，請夜之。』管仲曰：『君過矣！夫厚於味者薄於行，沈於樂者反於憂，壯而怠則失時，老而解則無名。臣老，今將爲君勉之，若何其沈於酒也？』管仲可謂能立行矣。凡行之墮也於樂，今樂而益飭；行之壞也於貴，今主欲留而不許，伸志行理，貴樂弗爲變，以事其主，此桓公之所以霸也。」

聽言受諫，多蒙其利；聽讒去諍，多受其害。然則聽言之道何如哉？首要在於去成宥偏執之見，不以己之喜怒好惡論其是非曲直，唯善之是擇。使因其人之所喜所惡，而意有所尤，情有所偏，則聽必悖矣，甚而至於晝夜不分，黑白混淆，堯桀爲一，舜紂合體矣。呂氏春秋去尤篇曰：「人有亡鈇者，意其鄰之子。視其行步，竊鈇也；言語，竊鈇也；動作態度，無爲而不竊鈇也。抇其谷而得其鈇，他日復見其鄰之子，動作態度，無似竊鈇者。其鄰之子非變也，己則變矣，變也者無他，有所尤也。」去宥篇曰：「齊人有欲得金者，清旦衣冠，往鬻金者之所，見人操金，攫而奪之，吏搏而束縛之，問曰：『人皆在焉，子攫人之金，何故？』對曰：『殊不見人，徒見金耳。』此眞大有所宥也。」此並論及所謂「宥」者，以此宥見行事，不明事理，非悅於己者去，凡異於己者逐，其失所以爲聽亦甚矣，如去宥篇曰：「東方之墨者謝子，將西見秦王，惠王問秦之墨者唐姑果，唐姑果恐王之親謝子賢於己也，對曰：『謝子東方之辯士也，其爲人也甚險，將奮於說，以取少主也。』王因藏怒以待之。謝子至，說王，王弗聽，謝子不悅，遂辭而行。凡聽言以求善也，所言苟善，雖奮於說，以取少主，何損？所言不善，不奮於說，以取少主，何益？不以善爲之慤，而徒以取少主爲之悖，惠王失所以爲聽矣。」由此可知，宥之爲害也大矣。故凡人欲聽言必先去宥，去宥然後能辨，能辨然後可謂智，是去宥所以能成其事也。

既能去成宥偏執之見，復得詘離謂淫詼之辭。而所謂離謂之辭者，蓋混淆黑白，可是可非，言意相離，應事立說，可不可無辨，善不善無別。所欲勝，因勝；所欲罪，因罪。若此，則毀譽成黨，衆口熏天，忠奸莫辨，正邪不明。以此治國，其國愈大，其禍愈大；以此賞罰，其罰愈疾，其亂愈疾。以其詐僞，故雖辨知而不當理也，離是非之道遠矣。呂氏春秋離謂篇曰：「洧水甚大，鄭之富人有溺者，人得其死者，富人請贖之，其人求金甚多，富人黨以告鄧析，鄧析曰：『安之，人必莫之賣矣。』得死者患之，以告鄧析，鄧析又答之曰：『安之，此必無所更買矣。』夫傷忠臣者，有似於此也。夫無功不得民，則以其無功不得民傷之；有功得民，則又以其有功得民傷之。人主之無度者，無以知此，豈不悲哉？比干萇弘以此死，箕子商容以此窮，周公召公以此疑，范蠡子胥以此流，死生、存亡、安危從此生矣。」此鄧析之言，卽離謂之辭，人主不斥而黜之，則忠臣志士，將見疑受阨，而致流徙困死矣。

淫辭者，蓋縱辭妄言，無以相期，辭中有辭，言心相離，所言非所行，所行非所言，心口不一，言行相詭。若此，則言不足以取信，事無足以參驗。以此行事，違禮悖義；以此說君，禍災及己。呂氏春秋淫辭篇曰：「宋有澄子者，亡緇衣，求之塗，見婦人衣緇衣，援而弗舍，欲取其衣，曰：『今者我亡緇衣。』婦人曰：『公雖亡緇衣，此實吾自爲之。』澄子曰：『子不如速與我衣。昔吾所亡者，紡緇也；今子之衣，禪緇也；以禪緇當紡緇，子豈不得哉？』」又曰：「宋王謂其相唐鞅曰：『王之所罪，盡不善者也。罪不善，善者胡爲畏？王欲群臣之畏也，不若無辨其善與不善而時罪之。若此，則群臣畏矣。』居無幾何，宋君殺唐鞅。唐鞅之對也，不若無對。」此澄子縱辭妄說，言行不一，亡其紡緇之衣，竟奪婦人禪緇之衣，婦人聽之，禪緇去矣。而唐鞅之對，辭中有辭，言心相違，竟欲人君無辨其善與不善而時罪下，致令群臣畏王；若此說言詭詐，宋王聽之，禍災乃作。由此可知，婦人之聽也，不若無聽；宋王之從也，不若無從。淫辭之爲害也，不祥莫大焉。故欲聽之，必詘淫辭，使言不欺心，論不悖義，是爲得之。

諛辭者，溢美過譽，隱惡諛善，脅肩諂笑，曲意奉承，求得歡心，多失本眞。呂氏春秋達鬱篇曰：「列精子高聽行乎齊湣王，著束布衣，白縞冠，顙推之履，將會朝，而祛步堂下，謂其侍者曰：『我何若？』侍者曰：『公姣且麗，列精子高因步而窺於井，粲然惡丈夫之狀也，喟然嘆曰：『侍者爲吾聽行於齊王也，夫何阿哉？又況於所聽乎？』」此侍者之辭，何諛之甚也。使列精子聽其言，不能明己之過，自以爲姣且麗也，則失之遠矣。凡人多阿其主之所好，亦有甚於此侍者之言者。使其主不辨士之明己功大，甚於鏡之明己也，而盡聽阿諛之語，樂其辭而忘其所以爲，愛其媚而失其所當爲，則國殘無日矣。故欲聽言，必詘諛辭，使明原委，不失本眞，是爲得之。

能去成宥偏執之見，詘離謂淫諛之辭，則得孟子公孫丑上篇所謂知言之旨。呂氏春秋聽言之道，與孟子可以互相發明。唯得知言之旨，而後可以聽微言。蓋聖人相諭，多不待言，有先言之者，能不著痕跡，而意在不言之中，誠所謂「至言去言」（註一）也。以言不足明事，故出之以至微之言；以言不足以斷事，故行之以去言之言。吾人初識其「至言」，以爲若無可取；細察其「去言」，委實多有所指；必得玩索再三，而後其眞義存焉。故呂氏春秋精諭篇曰：「白公問於孔子曰：『人可與微言乎？』孔子不應。白公曰：『若以石投水奚若？』孔子曰：『吳越之善沒者能取之。』白公曰：『若以水投水奚若？』孔子曰：『淄澠之合者，易牙嘗而知之。』白公曰：『然則人可與微言乎？』孔子曰：『胡爲不可，唯知言之謂者爲可耳。』白公弗得也，知謂則不以言言矣。」

第四節 愼言

君子一言旣出，駟馬難追。抑有甚者，一言足以興邦，一言足以禍國，故言之不可不愼也。誠如易繫辭上篇曰：「子曰：『君子居其室，出其言善，則千里之外應之，況其邇者乎？居其室，出其言不善，則千里之外違之，況其邇者乎？言出乎身，加乎民；行發乎邇，見乎遠；言行，君子之樞機。樞機之發，榮辱之主也。言行，君子之所以動天地也，可不愼乎？』」由此可知，人君之愼言尤爲重要，以其言出爲令也。使其言之愼也，人臣受而行之，日夜不休，宣通不究，洽於民心，成於四方，無所壅塞（註二），以此治國，國無不利。使其言之不愼也，人君朝令夕改，自壞其政；戲言無實，自損其威；令繁言失，多自取辱；以此防患，患必至矣。是知人主出聲應容，不可不審。

旣有識矣，猶得和於官職之後，隨於人臣之跡，以無識無爲，循名責實，斯得執本秉要之道。不然，好示己能，好爲己能，隨言出令，反受其辱。呂氏春秋審應篇曰：「魏昭王問於田詘曰：『寡人在東宮之時，聞先生之議曰：『爲聖易。』有諸？』田詘對曰：『臣之所舉也。』昭公曰：『然則先生聖于？』田詘對曰：『未有功而知其聖也，是堯之知舜也；待其有功而後知其聖也，是市人之知舜也。今詘未有功，而王問詘曰：『若聖乎？』敢問王亦其堯邪？』昭王無以應田詘之對。」此魏昭王不明愼言之道，卒自取辱。

既爲天子，一言一行，動見觀瞻，以其一言足爲天下法，故不可言之不類，語之輕忽，或出以戲謔之語，或許以隨言之諾。蓋若此，則盡失其信，復害其政。主過一言，失信天下，國殘名辱，爲後世笑矣（註三）。是以呂氏春秋重言篇曰：「人主之言，不可不愼。高宗，天子也，卽位，諒闇，三年不言，卿大夫恐懼，患之，高宗乃言曰：『以余一人正四方，余唯恐言之不類也，玆故不言。』古之天子，其重言如此，故言無遺者。」又曰：「成王與唐叔虞燕居，援桐葉以爲圭而授唐叔虞，曰：『余以此封汝。』叔虞喜，以告周公，周公以請，曰：『天子其封虞邪？』成王曰：『余一與戲也。』周公對曰：『臣聞之，天子無戲言。天子言，則史書之，工誦之，士稱之。』於是遂封叔虞於唐。」此高宗所以諒闇，三年不言，周公所以欲封叔虞於晉，並求愼言之故也。

既爲人臣，盡職效忠，天之義也，然侍驕恣之君，宜當得法。使妄言不諱，直言不隱，所言既不獲採，所行復拂君意，而人君操生殺予奪之權，己之命運，不聞可知矣。故須謹愼其言，出以隱喩，使言之者無罪，而聞之者足以誡。若此，己身之命存焉，君王之過改焉。誠能明哲保身，愼言諫君也，事因以成，國得以霸也。由此可知，愼言之於人臣，可謂至矣。如呂氏春秋重言篇曰：「荊莊王立政三年，不聽朝，而好讔。成公賈入諫，王曰：『不穀禁諫者，今子諫，何故？』對曰：『臣非敢諫也，願與君王讔也。』王曰：『胡不設不穀矣。』對曰：『有鳥止於南方之阜，三年，不動、不飛、不鳴，是何祥也？』王射之曰：『有鳥止於南方之阜，其三年不動，將以定志意也；其不飛，將以長羽翼也；其不鳴，將以覽民則也。是鳥雖無飛，飛將沖天；雖無鳴，鳴將駭人。賈出矣，不穀知之矣。』明日朝，所進者五人，所退者十人，羣臣大説，荆國之衆相賀也，……成公賈之隱喻乎荆王，而荆國以霸。」是知人臣慎言，足以成就大功，實不宜妄語，徒逆君意，壯志未酬，身且先死矣。唯識君上之志，不必以耳聽而聞，不必以目視而識，得察言觀色，以意料之，而後出以慎言，成其事功。故重言篇曰：「齊桓公與管仲謀伐莒，謀未發而聞於國，桓公怪之，以問管仲，曰：『與仲父謀伐莒，謀未發而聞於國，其故何也？』管仲曰：『國必有聖人也！』桓公曰：『譆，日之役者有執蹠𤸊而上視者，意者其是邪？』乃令復役，無得相代。少頃，東郭牙至。管仲曰：『此必是已。』乃令賓者延之而上，分級而立。管仲曰：『子邪言伐莒者？』對曰：『然。』管仲曰：『我不言伐莒，子何故言伐莒？』對曰：『臣聞君子善謀，小人善意，臣竊意之也。』管仲曰：『我不言伐莒，子何以意之。』對曰：『臣聞君子有三色，懽然喜樂者，鐘鼓之色也；湫然清靜者，衰絰之色也；艴然充盈手足矜者，兵革之色也。日者臣望君之在臺上也，艴然充盈手足矜，此兵革之色也。君呿而不唫，所言者莒也；君舉臂而指，所當者莒也。臣竊以慮小國諸侯之不服者，其惟莒乎？臣故言之。』凡耳之聞，以聲也。今不聞其聲，而以其容與臂，是東郭牙不以耳聽而聞也，桓公管仲雖善匿，弗能隱矣。故聖人聽於無聲，視於無形，詹何，田子方，老耽是也。」此蓋聖人得重言之旨，守口如瓶，惜言如金，聽於無聲，視於無形，而得人君之意，因勢利導，循時制宜，事成於慎，功因於言也。

第五節 知命

呂氏春秋知分篇曰：「命也者，不知所以然而然者也。人事智巧以舉錯者，不得與焉。故命也者，就之未得，去之未失，國士知其若此也，故以義爲之決，而安處之。」此呂氏春秋對命之定義。然則，何以「命」爲不知所以然而然耶？蓋吾人欲求顯達富貴，趨吉避凶，除主觀投入精神心力之外，其結果多受客觀環境條件之影響，或至求無益於得，甚而適得其反，似冥冥之中，恍惚之間，若有定數，非循理所能知之，非人力所能左右，不知所以，莫可若何，故名之曰命。吾人唯求內在之仁義禮智，以其求則可得，舍則必失，且求有益於得，而求在於我者也。盡心以求，安之於數，對外在之成敗得失，榮辱貧富，非所聞問，亦卽君子行法俟命，以義決事，此知命之意也。如晏子力斥崔杼之弑君，不爲勢刼利誘，而退避畏縮，反能直道而行，義無反顧，可謂知命矣。知分篇曰：「晏子與崔杼盟，其辭曰：『不與崔氏，而與公孫氏者，受其不祥。』晏子俛而飲血，仰天而呼曰：『不與公孫氏而與崔氏者，受此不祥。』崔杼不說，直兵造胸，句兵鉤頸，謂晏子曰：『子變子言，則齊國吾與子共之，子不變子言，則今是已。』晏子曰：『崔子，子獨不爲夫詩乎？詩曰：『莫莫葛藟，延于條枚；凱弟君子，求福不回。』嬰且可以回而求福乎？子惟之矣。』崔杼曰：『此賢者，不可殺也。』罷兵而去。晏子援綏而乘，其僕將馳，晏子撫其僕之手，曰：『安之，毋失節，疾不必生，徐不必死。鹿生於山，而命懸於廚。今嬰之命，有所懸矣。」此晏子但求內在之仁義，不計個人之死生，知命若此，無怪乎深得民望，卒令崔杼不敢加害也。

天固有衰歉廢伏，盛盈坌息之異；人亦有困窮屈匱，充實達遂之別。此天容物理，不得不然也（註四）。故不宜感念私邪，傷神害性，而宜盡道以求，愉然待時，庶幾可達其功，成其事也，如伍子胥退耕於野，胥時七載，及王子光爲王，乃任大事，遂得鞭屍平王，報父之仇（註五）。故有伍子胥之賢，而無王子光之時，不能成事；有王子光之時，而無伍子胥之賢，亦不能全功。唯遇合也，則主觀心意之努力，既得客觀條件之配合，遂致布衣可致卿相，卑賤可佐君王。若使伍子胥雖賢，其成，遇王子先也，遇王子光，天也，非伍子胥之賢也；王子光雖不肖，其王，遇伍子胥也，遇伍子胥，天也，非王子光之不肖也。若使伍子胥不遇王子光，未必成也，伍子胥未成，雖賢，譽未至此；若使王子光不遇伍子胥，未必王也，王子光不王，雖賢，顯未至此。是以有大功，則不聞不肖；成大事，則不聞愚鈍。故呂氏春秋長功篇曰：「譬之若良農，辯土地之宜，謹耕耨之事，未必收也；然而收者，必此人也，始在於遇時雨。遇時雨，天也，非良農所能爲也。」此明言成就事功，人事之努力爲其必要條件，而此必要條件，實猶賴客觀時機與之配合，始克全功，如伍子胥之遇王子光也；如或不然，則多受制於命，而功敗垂成矣。

時既不可得而必是，外物亦不可得而必至，誠若人主欲其臣盡忠，而忠未必信。故龍逢見誅，比干見戮，箕子狂，惡來死。伍員終而見斥，卒流乎江；萇弘死而藏血，竟化爲碧。人親欲其子盡孝，而孝未必愛。故曾子孝而見疑，悲不勝已（註六）。呂氏春秋必己篇曰：「成則毀，大則衰，廉則剉，尊則虧，直則骫，合則離，愛則隳，多智則謀，不肖則欺。」是篇又舉子貢說取其馬之野人，竟不若鄙人所語之功也，其文曰：「孔子行道而息，馬逸，食野人之稼，野人取其馬，子貢請往說之，畢辭，野人不聽。有鄙人始事孔子者，請往說之，因謂野人曰：『子不耕於東海至於西海也，吾馬何得不食子之禾？』野人大悅，相謂曰：『說亦皆如此其辯也，獨如嚮之人？』解馬而與之。說如此其無方也，而猶行。」由此可知，外物之不可必，亦可知也。處此時不可必成，物不可必得之際，尤須盡其人事，全力以赴，作必己之努力，以至於不曠事，而無不遇也。故必己篇曰：「君子之自行也，敬人而不必見敬；愛人而不必見愛。敬愛人者，己也；見敬愛者，人也。君子必在己者，不必在人者也；必在己，無不遇矣。」

管仲令鮑叔傅公子小白，其與召忽事公子糾（註七），雖知外物不可必，然則管仲之慮近之矣。蓋若是，猶不得其全者，命也，唯人事則盡之矣；此智者之所當爲也。既盡人事之所當爲，而猶不可得，縱其所處之境窮困，而君子猶以爲達也。故呂氏春秋愼人篇曰：「夫子……窮於陳蔡……子貢曰：『如此者，可謂窮矣。』孔子曰：『是何言也？君子達於道之謂達，窮於道之謂窮。今丘也抱仁義之道，以遭亂世之患，其所也，何窮之謂？故內省而不疚於道，臨難而不失其德。大寒既至，霜雪既降，吾是以知松柏之茂也。昔桓公得之莒，文公得之曹，越王得之會稽，陳蔡之阨，於丘其幸乎！』孔子烈然反琴而弦歌，子路仡然執干而舞。子貢曰：『吾不知天之高也，不知地之下也。古之得道者窮亦樂，達亦樂，所樂非窮達也，道得於此，則窮達一也。』」此窮亦樂，達亦樂，所樂非窮達，而在抱仁行義，達於道之爲樂也，亦知命而無不遇之意也。

【附註】

註一　見呂氏春秋精諭篇。

註二　呂氏春秋圜道篇曰：「令出於主口，官職受而行之，日夜不休，宣通下究，瀸於民心，遂於四方，還周復歸，至於主所，圜道也。令圜，則可不可善不善無所壅矣；無所壅者，主道通也。」於此義同。

註三　許維遹呂氏春秋集釋愼小篇曰：「主過一言，而國殘名辱，爲後世笑。」高誘注：「主過一言，猶將失一令，故國殘亡，惡名著聞，以自汙辱，乃爲後世之人所非笑也。」正此意所本。

註四　見呂氏春秋知分篇，文小異。

註五　事見呂氏春秋胥時篇。

註六　以上事見呂氏春秋必己篇。

註七　事見呂氏春秋不廣篇。

第六章　八覽中之政治思想

呂不韋見秦將統一天下，亟思在政治統一之前，先求思想之統一，因而著呂氏春秋以爲一代興亡之寶典，而藉此書倘德尚賢之主張，力矯秦政任刑尚法之弊害。惜秦王買櫝還珠，竟視是書爲卜筮、醫植之屬，不入焚燒之列，致呂氏之書得免秦火之厄。後世因之，多廢其書，致眞義湮沒，良可痛惜。今見是書論及政治理論、治道方法者殊多，而尤以八覽諸篇爲甚，故特擇硏其政治思想，以明其一斑。

第一節　政治起源

西方哲學與歷史學家，對政治之起源，有多種不同之主張，如契約說、父權說、財產說、公權分化說、武力征服說及階級分化說等，而其中以契約說最爲盛行。持此說者，多以爲政治發生之前，必有一自然狀態，唯對此自然狀態之見解，則各不相同。大致而言，可分兩派：

一是認爲自然狀態中充滿混亂、鬬爭、恐怖與危險。此以霍布斯（Thomas Hobbes）爲代表，其謂：「在此一時代中，無一使人們皆有所畏懼之普遍權力，彼等乃生存於一被稱爲戰爭之狀態中，且此種戰爭，乃是每一人均係敵人，……人們除自身之力量與自己之發明外，更無其他安全之保障。在此情形下，不會有工業，乃因利益無法確保，且因此地球上不會有文化；……而其中最壞者，乃係繼續之恐懼，以及暴死之危險；且人們之生命係孤獨、可憐、淫腐、野鄙而短暫。」（註一）一是認爲自然狀態中盡是自由、平等、和平與幸福。此以洛克（John Locke）與盧梭（Rousseau）爲代表。洛氏謂：「人們所在的自然狀態，是一在自然法約束內，隨己意完全自由安排其行動與處置其財富及人身之狀態，不須要求許可或依賴他人之意願。……亦是一平等之狀態，……無人較別人所有更多，……彼等生而有同樣有利之稟賦，且使用同樣之才能。……自然狀態由一自然法統治，此法管轄任何人，且理性（即此法）教一切願顧及它之人皆平等並獨立，無人應傷害他人之生命、健康、自由或財富。」（註二）

盧梭對自然狀態之看法與洛克略同，唯其認爲在自然狀態中，人之行動非基於理性，而係基於感情、私慾與同情。（註三）

呂氏春秋恃君篇亦以爲在政治發生之前，有一自然狀態，故曰：「昔太古嘗無君矣，其民聚生群處，知母不知父，無親戚、兄弟、夫妻、男女之別，無上下長幼之道，無進退揖讓之禮。……非濱之東，夷穢之鄉，大解陵魚，其鹿野搖山揚島，大人之居，多無君；揚漢之南，百越之際，敝凱諸夫風餘靡之地，縛婁陽禺驩兜之國，多無君。氐羌呼唐，離水之西，僰人野人，篇笮之川，舟人送龍突人之鄉，多無君；雁門之北，鷹隼所鷙，須窺之國，饕餮窮奇之地，叔逆之所，儋耳之居，多無君；此四方之無君者也。其民麋鹿禽獸，少者使長，長者畏壯，有力者賢，暴傲者尊，日夜相殘，無時休息，以盡其類。」是其顯然與洛、盧二氏之說相背，而與霍氏之說同調。蓋呂氏春秋以為自然狀態情形，人與人間不能彼此互助合作，而是相互鬪爭殘害，結果造成混亂，與禽獸社會無異。如此，人民之生命財產既無保障，自無幸福之可言，更無產生文化之可能也。

上述諸人對自然狀態之描繪，其依據何種史料，吾人不得而知，故無由評其所據史料之正確與否？然衡之常理推論，當以呂氏春秋與霍布斯之說較近事實。蓋自然狀態之中，無政府、無法律，各依其一己之意而行。唯人生而有欲，欲而不得，則不能無求，求而無度量分界則爭，爭則人是其義，以非人之義。故交相非義，亂若禽獸，以至於窮，而衝突、鬪爭、虧害、殘殺之事，無日或已。誠如今日若將各國政府解散，法制廢除，使人人毫無拘束，任意恣行，勢必親疏無別，長幼失序，力賢暴尊，相殘殆盡，社會狀況，充滿恐怖與危險。因而洛克以為人之行動基於理性；盧梭以為基於感情、私慾、同情；遂並謂自然狀態中盡是自由、平等、和平與幸福，恐難與歷史事實相符。蓋人類之理性、感情、私慾、同情，在無強制約束力之下，常為邪欲所蒙蔽，鋌而走險，遂至一發不可收拾。

唯諸人立說用意，多有不同，霍布斯將自然狀態描繪為極其混亂恐怖，其用意在強調君主之權威，使人思及有回返自然狀態之危險，而不敢反抗君主，推翻政府。洛克與盧梭將自然狀態描寫得極為完美可愛，其用意在反對專制，貶抑君權，使君主知人在自然狀態中本極自由、幸福，而不當對人民橫加干涉欺壓。盧梭更進而否定君權，提倡民主。然則呂氏春秋描寫自然狀態，極其混亂恐怖，非如霍氏藉此強調君主之重要，加強君主之權威，乃在於要求天子當爲天下百姓之公利，勿爲一己個人之私慾也。故因此主張君主尙德，爲政順民，要在能利而勿利也。

呂氏春秋恃君篇既以爲人類之自然狀態，係「自我保存」之慾望，而造成生存鬪爭，無時休止，以盡其類。這種狀態，無法繼續維持，人類必然要放棄一己之自然權利，而賦予代表衆人之君主或國家，遂形成政治之組織與形態，因而得以分工合作，創造文化，並維持和平與安適。故曰：「凡人之性，爪牙不足以自守衞，肌膚不足以扞寒暑，筋骨不足以從利辟害，勇敢不足却猛禁悍，然且猶裁萬物，制禽獸，服狡蟲，寒暑燥濕弗能害，不唯先有其備而以群聚邪？群之可聚也，相與利之也，利之出於群，君道立也。故君道立，則利出於群，而人備可完矣。昔太古嘗無君矣，……無衣服、履帶、宮室、畜積之便；無器械、舟車、城郭、險阻之備；此無君之患，故君臣之義，不可不明也。……日夜相殘，無時休息，以盡其類。聖人深見此患也，故爲天下長慮，莫如置天子也；爲一國長慮，莫如置君也。」

第二節　理想之政治型態

尙德之思想爲呂氏春秋政治哲學上之主要觀念，其作用，在於利而勿利，並使爲政者以身作則，化民成俗，造成堅强之精神國防，奠定國家不朽之根基。故上德篇曰：「爲天下及國，莫如以德，莫如以義，以德以義，不賞而民勸，不罰而邪止，此神農黃帝之政也。以德以義，則四海之大，江河之水，不能亢矣。太華之高，會稽之險，不能障矣。闔廬之教，孫吳之兵，不能當矣。故古之王者，德迵乎天地，義澹乎四海，東西南北，極日月之所燭，天覆地載，愛惡不臧，虛素以公，小民皆之，莫之敵而不知其所以然，此之謂順天。教變容改俗，而莫得其所受之，此之謂順情。」此種「以德以義」之政治型態，即爲呂氏春秋理想之政治型態。茲進而分析如下：

壹、政治制度

呂氏春秋有始篇暢論天下之地理情勢曰：「天有九野，地有九州，……何謂九州？河漢之間爲豫州，周也；兩河之間爲冀州，晉也；河濟之間爲兗州，衞也；東方爲青州，齊也；泗上爲徐州，魯也；東南爲揚州，越也；南方爲荆州，楚也；西方爲雍州，秦也；北方爲幽州，燕也。……凡四海之內，東西二萬八千里，南北二萬六千里，水道八千里，受水者亦八千里，通谷六，名川六百，陸注三千，小水萬數。凡四極之內，東西五億有九萬七千里，南北亦五億有九萬七千里，衆星與天俱游，而極星不移。」處此廣漠無垠之地，欲建立政治制度，其版圖究以何若爲宜，始可達於政治之極，以免過大而政雜，事權不專，法令難行，反受其害；過小而力單，尾大不掉，諸侯易恣，反失其勢。故呂氏春秋愼勢篇提出，天子之地，方以千里，以極治任，其曰：「凡冠帶之國，舟車之所通，不用象譯狄鞮，方三千里。古之王者，擇天下之中而立國，擇國之中而立宮，擇宮之中而立廟。天子之地，方千里以爲國，所以極治任也。」此非不能大也，唯其大不若小，多不若少。蓋既愈千里，則國大民多，事繁人雜，於勢不便，於威難全，於利不博，於義難普，敵禍之事，由此起也。使以千里爲限，餘則分封諸侯，示公天下，與人分治，而非私賢，則國適民宜，足以便勢全威，博利博義，無敵於天下也，如周行封建，享其國祚八百餘載，因此義也。故愼勢篇曰：「衆封建，……則無敵也，無敵則安。故觀於上世，其封建衆者，其福長，其名彰，神農十七世有天下，與天下同之也。」

既行封建矣，則其封地之大小，當以何若爲準則耶？孟子萬章下篇曰：「天子之制，地方千里，公侯皆方百里，伯七十里，子男五十里，凡四等。不能五十里，不達於天子，附於諸侯曰附庸。」禮記王制篇曰：「州方千里，州建百里之國三十，七十里之國六十，五十里之國百有二十，凡二百一十國，名山大澤不以封，其餘以爲附庸間田。八州，州二百一十國，天子之縣內，方百里之國九，七十里之國二十有一，五十里之國六十有三，凡九十三國，名山大澤不以朌，其餘以祿士，以爲間田。凡九州，千七百七十三國，天子之元士，諸侯之附庸不與。」周官職方篇曰：「凡邦國千里，封公以方五百里，則四公；方四百里，則六侯；方三百里，則七伯；方二百里，則二十五子；方百里，則百男；以周知天下。」是諸家對公、侯以下封地之大小，容有差異，唯不論遠近，强合定數則同。

呂氏春秋愼勢篇以爲封地之大小，當以去天子之距離爲斷，彌近者彌大，彌遠者彌小。以其近也，故雖大，猶可監督控制，推行政令；以其遠也，故須小，始免坐大方隅，鞭長莫及。不然，如取定數，致彌近者彌小，彌遠者彌大，則既近矣，而且小，失其封建之義；既遠矣，而且大，伏其禍國之災。故曰：「王者之封建也，彌近彌大，彌遠彌小，海上有十里之諸侯，以大使小，以重使輕，以衆使寡，此王者之所以家爲國也。」是其雖未明言諸侯封地之多寡，唯須權宜於去離天子之遠近，以利管理之需要，致治之實情。若此，則可多得與人分治之利，致福長名彰，而無取法定制之弊，致失義禍國。惜未能見用於當時，澤及後世，蓋可歎也。

貳、天子職權

呂氏春秋認爲政治之所以形成，置君立長，實不可或缺。然則既形成政治矣，而天子之職權當若何耶？茲論述之如下：

一、任人分職

國之大事，繁冗博雜，一人之力，無法勝任，必欲無恃其勇力智信，而任臣子之能，使幽詭愚險之言，無不識之；乖辟邪妄之事，無不黜之。亦即能用非其有，如己有之，使百官有司，畢力竭智，致養神修德，以竟全功。故呂氏春秋勿躬篇曰：「大橈作甲子，黔如作隸數，容成作厤，……此二十官者，聖人之所以治天下也。聖人不能二十官之事，然而使二十官盡其巧，畢其能，聖王在上故也。聖王之所不能也，所以能之也；所不知也，所以知之也。養其神，修其德而化矣，豈必勞形愁慮弊耳目哉？」苟好爲人官，事必躬親，傷形費神，愁心勞煩，而力有所不逮；知有所不及，致人臣舍其職守，專恃阿君，飾非掩過，主無以責，人主日侵，人臣日得，終使君臣易勢，尊卑失序，國愈危阨，身愈困辱，實非人君治國之道也。故又曰：「李子曰：『非狗則不得兔，狗化為兔，則不得兔。』人君而好為人官，有似於此。其臣蔽之，人時禁之，君自蔽，則莫之敢禁。夫自為人官，自蔽之精者也。……用則衰，動則暗，作則倦；衰暗倦三者，非君道也。」

然則任人之道何如耶？呂氏春秋遇合篇曰：「凡擧人之本，太上以志，其次以事，其次以功。三者弗能，國必殘亡，群孽大至，身必死殃。」是其擧人之序，分別為「志」「事」「功」。此所謂「志」者，蓋指志意而言，謂個人之見解、抱負與理想。唯人之志意，多幽微難見，淵深莫測，變化不定。以人之於事也，多隨於心，心多隨於欲，而欲無度者，則其心亦無度，心無度者，則其所為卽不可知矣。故當審其徵表，觀而驗之，以度其所欲，知其所意，而後知其心志之所在焉。如觀表篇論述郈成子之觀於右宰穀臣也，而成其深妙；吳起之泣於西河也，而成其先見；皆有所徵者，而後致之。故曰：「見馬之一徵也，而知節之高卑、足之滑易、材之堅脆、能之長短。非獨相馬然也，人亦有徵，事與國皆有徵。聖人上知千歲，下知千歲，非意之也，蓋有自云也。」而所謂「事」者，蓋指其辦事能力之高低。所謂「功」者，蓋指其辦事經驗與工作績效。依此三者之序用人，則政通人和，國治身榮。

唯人才難求，全才尤難。誠若求全責材，棟樑有疵；繩墨取木，宮室不成。故君子者，嚴以律己，寬以待人。以其律己也嚴，則不為邪惡，不為邪惡，則行事合義；以其待人也寬，則不為苛求，不為苛求，則擇才合誼；此並得任人之道也。使律己也寬，則苟且偸惰，苟且偸惰，則行事不義；使待人也嚴，則苛刻求全，苛刻求全，則賢智可非；此並失求才之要也。是知求才任人，當擇物博而貴取其一，勿期全備，如呂氏春秋離俗篇曰：「以禮義斷削，神農黃帝猶有可非，微獨舜湯。飛兔要褭，古之駿馬，材猶有短。」之意。舉難篇引齊桓公聞甯戚之悲聲，而知其爲異人；聽甯戚之說言，而知其爲賢者；不復問其小惡，亡其大美，遂任之以事，以明人固難全，權用其長，得任人之道也。

既權用其長，則必因能而使，量才而爲。使能治國者，使治國；能長官者，使長官；能治邑者，使治邑。凡所使治國官府邑里，並皆各得其所，各盡其能，誠若大匠之爲宮室也，量其大小，則知材木之優劣；論其功效，則知人數之多寡。呂氏春秋知度篇曰：「小臣呂尙聽，而天下知殷周之王也；管夷吾百里奚聽，而天下知齊秦之霸也。」苟長於此者用於彼，志於彼者處於此，必致僨事，禍及邦國，如陳侯說敦洽讎麋，使治其國，並使往謝楚王，楚王怪其名，惡其狀，致怒而興師亡陳（註四）；此實用非其人而欲其有功，猶若夏至求其夜長，染涅求其沙白，不可得也。賢若堯舜，且將受困，況凡君俗主乎？故是篇又曰：「成霸王者固有人，亡國者亦有人，桀用羊辛，紂用惡來，宋用唐鞅，齊用蘇秦，而天下知其亡。」

既任人分職，猶當信而賴之，不生疑惑；專而任之，不加掣肘；假以時日，始見成效。呂氏春秋樂成篇謂孔子始用於魯，爲魯人棄尤。用三月之後，男子行乎塗右，女子行乎塗左，財物之遺，民莫之舉。子產始治於鄭，田有封洫，都鄙有服，民怨而欲殺之。後三年，民歌而讚之，故是篇曰：「今世皆稱簡公哀公爲賢，稱子產孔子爲能；此二君者，達乎任人也。舟車之始見也，三世而後安之。夫開善豈易哉？故聽無事治，事治之立也，人主賢也。」苟任人而不能用之，用之而與不知者議之，若鄭簡魯哀，當民之誹訿也，因弗遂用，則國必無功，子產孔子必無能矣。是知時而疑惑之，時而牽制之，則不足以成事，不足以行志矣。蓋絕江河者託於船，致遠者託於驥，欲霸王者託於賢，而居下位使民可得治者託於上也。若伊尹呂尚者霸王之船驥也，而管夷吾百里奚之得行其志者，以其獲乎上之故也。誠如具備篇所述宓子賤令吏書，而時掣搖其肘，書不善，而怒之，使之辭去而歸報魯君，以此諫魯君掣肘之過，亂政之非，終得魯君之悟，遂行治術於亶父之事，實足以明任之以專之要也。故是篇就此事結論曰：「宓子之得行此術也，魯君後得之也，魯君後得之者，宓子先有其備也，先有其備，豈遽必哉？此魯君之賢也。」以魯君之賢也，故宓子得以獲乎上，而先有其備也。其備者何？任之以專也。

二、立法出令

前言關於政治起源主張契約說諸人，霍布斯主張予國君以絕對之權威，得以規定國家之法律，人民應無條件服從其統治，不得反抗（註五）；洛克主張權力分立以限制君權，人民仍保有相當之權利，必要之時，可以革命之手段，推翻既有之政府，以維護人民之自然權利（註六）；盧梭主張主權在公衆團體，根本反對置立國君（註七）；呂氏春秋雖以為立天子之目的在求天下萬民之公利，勿利一己之私，然仍主張予天子以相當大之權威，得以立法出令（註八），必要時，並得「廢其非君道者，而立其行君道者。」（註九）此與霍布斯主張君主之權威近似，唯非其所謂國君擁有絕對之權威，人民須無條件服從國君之統治，不得反抗；與洛克主張人民保有相當之權利，必要時，可以革命推翻政府之意見相似，唯非其所主張以權力分立來限制君權；與盧梭新民約論所主張者，大相逕庭。

天子擁有立法出令之權，號令天下，齊一民軌，使賢與不肖，畢力竭智，致智者不能爲巧，愚者不得爲拙，勇者不能爲先，懼者不得爲後，而後力出於一，國治民安，得爲政之道也。呂氏春秋執一篇曰：「王者執一，而爲萬物正。軍必有將，所以一之也；國必有君，所以一之也；天下必有天子，所以一之也；王者必執一，所以摶之也；一則治。」此「一」者，即指立法出令之權也。是以凡爲國者，執一則治。苟君臣共權，君無獨斷之權，臣有牽制之能，致令姦僞邪妄之徒衆，因循怠惰之情生，終至上下失位，大失行政效率。縱若天下之善御者王良造父，以其共轡而御，一者操左革而叱咤，一者操右革而鞭笞，猶不能使馬，人主與臣共權，其勢若與人共轡而御馬也，王良造父且不能爲，況俗主乎？故是篇又曰：「一則治，兩則亂，今御驪馬者，使四人人操一策，則不可以出於門閭者，不一也。」是知天子有立法執一之權，始可以治天下也。

然則立法之道何如耶？首要在於體察當前情勢，順應實際需要，而因時適切變法，則法制得以確立，政令易於推行，國治民安，可以期也。蓋先王之法經上世而至，及其至也，或益之，或損之，以適其時之需要，何可不變其法而法之乎？縱令先王之法未經損益，而古今之法，言異典殊，世異時移，合於古之命，不必適於今之法，適於今之法，不必合於古之命，唯在「不期脩古，不法常可，論事之世，因爲之備。」（註十）始克有功。此三代不同其禮而並王，五霸不同其法而俱霸之故也，實足以明法與時轉則得其治，治與事宜則有其功也。呂氏春秋察今篇曰：「變法者因時而化，若行之此論，則無過務矣。夫不敢議法者，衆庶也；以死守法者，有司也；因時變法者，賢主也。是故有天下七十一聖，其法皆不同，非務相反也，時勢異也。」此因時變法之主張，雷同於韓非子「論事之世，因爲之備」之意。

苟以古爲貴，以舊爲尊，執守故法，一成不變，則多爲古人所役，而不能役古人。既不出前人思想窠臼，復難有今人得體創獲，致使法制難以適合當前情勢，政令不能配合人民需要。蓋法先王之法，其時已徙矣，而法不徙，以其法爲法，則必如方之納鑿，扞格不入。若刻舟求劍，劍已墜矣，舟已行矣，循其契處，入水求之，不可得也。呂氏春秋察今篇擧例明之曰：「荆人欲襲宋，使人先表澭水，澭水暴益，荆人弗知，循表而夜涉，溺死者千有餘人，軍驚而壞都舍。嚮其先表之時，可導也，今水已變而益多矣，荆人尙猶循表而導之，此其所以敗也。」此荆人之敗，在於死守舊令，而不能因時變法之故也。

唯呂氏春秋之所謂變法者，非謂一筆抹殺先王成法，憑空另制新法，致阻礙學理源流之疏暢，文化根底之累積，精神既未能有所傳承而創新，內涵亦未必有所延續而層疊，遂使時已至矣，而法不善，或法雖善也，而時不至，竟致法制架空，政令無著，其得之也鮮，失之却甚。故就變法而言，其實爲吸取先王思想之睿智，釋其成法，而法其所以然，復益以今日政體之試驗，若舊曲試新聲，舊瓶換新酒，其聲也動人，其酒也醇香，其此之謂也。蓋先王之法，適於其時也，唯時不與法俱至，法雖善，而時不至，猶若不可爲法；法雖不善，而時已至，猶若可法；其要在於能以近知遠，能察今知古，則得變法之道也。故呂氏春秋察今篇曰：「先王之所以爲法者，人也，而己亦人也。故察己則可以治人，察今則可以知古，古今一也，人與我同耳。」亦卽要能以所見知其所未見，以所知知其所未知，不法其然，而法其所以然也。

立法出令之道，旣法先王之所以爲法，自必有所託，託於愛利民人，以利天下而勿利一己之私，遂能因人之性，順民之情，敎而識之，令而從之，使不敢爲罪，不致受罰，得其用民之道也。不然，以天下利一己之私，致愛利民人之心息，而徒疾行威，民愈不用，政愈咎失。蓋若此也，不論人之性，不反人之情，令苛禁多，民不聽行，若桀紂爲虐，民怨沸騰，身戮國亡矣。呂氏春秋用民篇曰：「威必有所託，然後可行。惡乎託？託於愛利，愛利之心諭，威乃可行。」使不得造父之道，强令馬進，不進則殺，以盡其威，徒令馬之殘亡，而無益於御馬之道也。不肖之主，徒以多威使其民，猶類於此；抑有甚者，竟爲之絕其社稷矣。

三、正名審分

人君旣握有任人分職，立法出令之權，猶須正名審分，以責求官吏，各盡職守，而達貫徹政令與推展庶務之目的。蓋人君能正名審分，以求其實，聽言察類，無令淫縱，使廉直忠敦之士，盡力竭智；諂諛巧佞之人，無竄其姦；而後憂勞愁苦之情可以免，邪僻苛疾之事可以息，致愉悅舒逸，國治民安。呂氏春秋審分篇曰：「凡人主必審分，然後治可以至，姦僞邪僻之塗可以息，惡氣苛疾無由至。……至治之務，在於正名，名正則人主不憂勞矣。」此因人君正名審分以循名責實，則臣莫敢不奮力，猶吾人執轡御馬，約審控轡，則馬莫敢不盡力也。職是之故，人事其事，以充其名，名實相得，成其治道也。

使不正名審分則名不當實，事不當用，求名不得其刑，求實不得其聲；抑有甚者，適得其反，求牛名馬，求馬名牛，擾亂紛紜，莫衷一是；致是非不明，黑白混淆，所名既不可審，所求復不可得；人主憂勞愁苦，官職煩亂悖逆，而數用刑罰，立其威權，必致國敗身亡。呂氏春秋正名篇曰：「名正則治，民爽則亂。……凡亂者，刑名不當也。人主雖不肖，猶若用賢，猶若聽善，猶若為可者。其患在乎所謂賢，徒不肖也；所謂善，徒邪辟也；所謂可，徒悖逆也；是刑名異充，而聲實異謂也。夫賢不肖，善邪辟，可悖逆，國不亂，身不危，奚待也？」蓋名分者，足以別異同而檢虛實也，名分淆而不察，則必產生邪辟悖逆之事，致名辱國亡矣。故當正名，使名正而後言順，言順而後事成，事成而後禮樂興，禮樂興而後刑罰中，刑罰中而後民有所措止，民有所措止而後威信可立，因而百官無所怨誹，民人無所擾亂，得正名審分之功也。

然則正名審分之道何如耶？首要在嚴正名實，不致相亂。使名足以察其虛實，分足以審其善惡，則詖賊邪佞之人，無隱其惡；堅叡廉直之士，畢競騁騖；而後人主不憂愁勞苦，不憂愁勞苦，則不傷其耳目之性，致「問而不詔，知而不為，和而不矜，成而不處，止者不行，行者不止；因形而任之，不制於物，無肯為使，清靜以公；神通乎六合，德耀乎海外，意觀乎無窮，譽流乎無止；此之謂定性於大湫。」（註十一）際此國治民安，可以期也。不然，名實淆亂，淫說橫行，忠奸莫名，善惡難辨，若衡之不足以平其輕重，律之不足以均其清濁，而欲定其高下，不可得也。以此治國，欲國無危，未之有也。呂氏春秋正名篇曰：「名正則治，名喪則亂。使名喪者，淫說也。說淫，則可不可，而然不然；是不是，而非不非。……尹文見齊王，齊王謂尹文曰：『寡人甚好士。』尹文曰：『願聞何謂士？』王未以應。尹文曰：『今有人於此，事親則孝，事君則忠，交友則信，居鄉則悌，有此四行者，可謂士乎？』齊王曰：『此眞吾所謂士已。』尹文曰：『王得若人，肯以爲臣乎？』王曰：『所願而不能得也。』尹文曰：『使若人於廣朝中，深見侮而不鬭，王將以爲臣乎？』王曰：『否，夫士見侮而不鬭，則是辱之也，辱則寡人弗以爲臣矣。』尹文曰：『雖見侮而不鬭，未失其四行也。未失其四行者，是未失其所以爲士矣。未失其所以爲士，而王一以爲臣，一不以爲臣，則嚮之所謂士者，乃非士乎？』王無以應。尹文曰：『今有人於此，將治其國，民有非則非之，民無非則非之；民有罪則罰之，民無罪則罰之；而怨民之難治，可乎？』王曰：『不可。』尹文曰：『竊觀下吏之治齊也，方若此也。』王曰：『使寡人治齊信若是，則民雖不治，寡人弗怨也，意者未至然乎？』尹文曰：『言之，不敢無說，請言其說。王之令曰：『殺人者死，傷人則刑。』民有畏王之令，深見侮而不敢鬭者，是全王之令也，而王曰：『見侮而不鬭，是辱也。』夫謂之辱者，非之之謂也；王不以爲臣，罰之也；此無罪而王罰之也。』齊王無以應。」是尹文之說，徒亂名實。蓋既言所謂士者，事君盡忠也，而忠之極致，必以死效忠。既能效死，則必可殺不可辱。既能見殺而不辱也，何必見侮不鬭，自害爲士之道乎？況既見侮不鬭矣，焉知其非忍辱負重，有待來年，如圯上之會、袴下之辱，以全其大忠大勇者乎？此未失其所以爲士之道，而竟以見侮不鬭辱之可乎？復言殺人者死，傷人者刑，民畏王令，見侮不鬬，以全王法，却爲王非之，罰之。嗚呼！何辯之若斯耶？殺人者死，傷人者刑，是則是矣。然則動機純爲出於無奈之正當防衞，其殺人者不必死，其傷人者不必刑。而此見侮不鬬者，或其時也，未必達於必須正當防衞及冒死對抗之時也；或其時也，猶可顧全王法，復可保全其身，以化干戈爲玉帛，化暴戾爲祥和，消弭受辱之窘，平息紛擾之爭；或其時也，實須高瞻遠矚，不計個人之榮辱利害，唯念國家之安危興衰，故而放棄私己意氣之爭，成全社稷千秋之業。凡此種種，並未可知，而竟辱之以不爲士，罰之以不爲臣，可乎？辯皆若此，國殘身危，良有以也。

既嚴正名實矣，猶當審定職分，使君臣有守，不得越權，則人主得以循名責實，行督導之術；人臣得以忠職守分，盡竭智之能；而後君臣相得，克盡厥功。苟不能審定職分，君臣擅權，分既未定，權亦不專，求國無危，不可得也。呂氏春秋愼勢篇曰：「是故諸侯失位，則天下亂；大夫無等，則朝廷亂；妻妾不分，則家室亂；適孽無別，則宗族亂。愼子曰：『今一兔走，百人逐之，非一兔足爲百人分也，分未定也。分未定，堯且屈力，而況衆人乎？積兔滿市，行者不顧，非不欲兔也，分已定矣。分已定，人雖鄙，不爭。』故治天下及國，在乎定分而已矣。」一兔疾走，百人追逐；積兔滿市，行人不顧；非其欲與不欲之異也，蓋其分定與不定之別也。治天下國家者亦然，人君愉悅，尊卑有序，姦邪者息，令行威立與百官恫憂，少長相越，萬邪悉起，權威分移之異者，蓋在於審定分職之有否焉。

既審定分職矣，猶當循名責實，以督課群臣。唯督課之道，在本之以理。蓋理也者，審是非，定善惡之要也。不得因臣之私諛，致枉道遂非，長惡黜善；不得縱臣之邪辟，致苟枉任事，爲所欲爲。必督之以理，與之爲善；責之以實，不與爲非；而後得正名審分之全功焉。呂氏春秋驕恣篇曰：「以理督責於臣，則人主可與爲善，而不可與爲非；可與爲直，而不可與爲枉；此三代之盛敎也。」是理也者，正名審分之資，循名責實之本也。

叁、天子權威之限制

天子擁有崇高的地位，集行政、立法、司法三權於一身，苟不爲之制衡，則不幸而遇暴虐殘民之君，濫用職權，人民豈不爲魚肉耶？又當如何以天下人之力量，推動政務，而達全生利羣之目的耶？故呂氏春秋乃提出數項辦法，以爲防範，而思有以對君權之限制焉。

一、天子須德智兼備

夫治天下者，當擴充己之仁義禮智四端，使良知良能得以率性修習，達於得道之境，致行事能大公無私，但求天下之公利，勿利一己之私情，得爲君之道也。呂氏春秋勿躬篇曰：「善爲君者，務服性命之情，而百官已治矣，黔首已親矣，名號已章矣。」蓋其矜服性命之情，即能服膺人格上之道德自覺，必能去一己之私慾愛惡，使德業日進，天理日彰，達於心凝形釋，與萬化冥合，致能去智去能，以無爲爲本，然後聽有用之言，進廉直之士，斥淫詖之辭，黜姦僞之徒，遂得聽朝之旨焉。呂氏春秋知度篇曰：「朝也者，相與召理義也，相與植法則也。上服性命之情，則理義之士至矣，法則之用植矣，枉辟邪撓之人退矣，貪得詐僞之曹遠矣。故治天下之要，存乎除姦；除姦之要，存乎治官；治官之要，存乎治道；治道之要，存乎知性命。」由此可以推知人君通乎性命之情，則能節乎於己；節乎於己，則貪鄙心止，貪鄙心止，則仁義術行，仁義術行，則樂備君道，樂備君道，則勿身督聽，勿身督聽，則姦塞不皇，姦塞不皇，則官治民利矣。蓋「官治民利」爲「治天下之要」；「姦塞不皇」、「勿身督聽」爲「除姦之要」；「樂備君道」、「仁義術行」爲「治官之要」；「貪鄙心止」、「節乎於己」爲「治道之要」；「通乎性命」猶「存乎知性命」也。

人君矜服性命之情，處平靜，任德化，與天下萬民同其好惡，卒使天下萬民各反其情，各安其性，致國治民安矣。呂氏春秋勿躬篇曰：「聖人之所以治天下也，……養其神，脩其德而化矣，豈必勞形愁慮弊耳目哉？是故聖王之德，融乎若日之始出，極燭六合，而無所窮屈；昭乎若日之光，變化萬物，而無所不行；神合乎太一，生無所屈，而意不可障；精通乎鬼神，深微玄妙，而莫見其形。今日南面，百邪自正，而天下皆反其情，黔首畢樂其志，安育其性，而莫爲不成。」是知人君德化之功，可謂至矣。苟人君無道德自覺，不修德行善，殘乎若桀之縱恣，淫慾放蕩，而爲所欲爲；賊乎若紂之剛愎，暴虐肆意，而無所不爲。事違正道，名有所辱。國鬱積久，民欲不達，衆叛其情，親離其德，民怨沸騰，莫能稍戢。諫既不受，禍殃乃作，致廢其非君道者，而立其行君道者。此咎由自取，非天下禍之也。

唯矜服性命之情外，猶須尚智。以治亂存亡，幽微難見，如可知，如不可知；如可見，如不可見；

必須智慮遠見，始能洞燭機先，察其秋毫，禳禍於未形，躋民於安席。呂氏春秋察微篇曰：「使治亂存亡，若高山之與深谿，若白堊之與黑漆，則無所用智，雖愚猶可矣。……治亂存亡，其始若秋毫，察其秋毫，則大物不過矣。」是篇又明以周公之賢，處心積慮，猶尚有管蔡之叛，與東夷八國不聽之謀，況俗主乎？此乃政務繁雜，患在難備。得之於此，失之於彼；愼之於東，疏之於西。要在能明其善惡，辨其可否，而此豈愚惑昏昧之主所能爲耶？

苟人主智短，則智無由接；智無由接，則固却忠言；固却忠言，則不知事化；不知事化，每舉必危。若齊桓公雖不輕離管子，唯不卒聽管子之言，竟召易牙、豎刁、常之巫、衞公子啟方反而任之，故爲其所叛，致塞宮門，築高牆，不通人，矯君令，使君病猶不得食，不得飲，蒙乎衣袂，絕乎寢宮，蟲流出戶，三月不葬（註十二）。呂氏春秋知接篇曰：「其所以接智，所以接不智，同；其所能接，所不能接，異。智者，其所能接，遠也；愚者，其所能接，近也。所能接近，而告之以遠，奚由相得？」君臣不相得者，蓋由爲君者，其智不接故也。智不接矣，則易自以爲是，因而驕恣輕物，專獨不備。若此，欲無危位，欲無召禍，不可得也。

綜上所述，人君能擁此卓爾超群，德智兼備之條件，以常理衡之，一旦立爲天子，自必能勤政愛民，澤被天下，不致濫用職權，殘虐百姓。

二、臣民有諫諍之權

木受繩則直，金就礪則利，人受諫則聖。故天子立輔弼，設師保，所以聽其直言舉過，而決鬱塞，以達於趨吉避凶之境也。蓋君得忠臣之諫，以懲忿窒欲，改過遷善，下情上達，君臣相得，國之安久，可以期也。呂氏春秋達鬱篇曰：「管仲觴桓公，日暮矣，桓公樂之而徵燭，管仲曰：『臣卜其晝，未卜其夜，君可以出矣。』公不說，曰：『仲父年老矣，寡人與仲父爲樂將幾之，請夜之。』管仲曰：『君過矣。夫厚於味者薄於行，沈於樂者反於憂，壯而怠則失時，老而解則無名。臣老，今將爲君勉之，若何其沈於酒也？』管仲可謂能立行矣。」此爲臣諫諍人君墮於樂，沈於酒之失，直言不諱，不許其留，而桓公欣然聞善能從，管仲樂焉理得志伸，此齊國之所以成其覇業也。驕恣篇曰：「齊宣王爲大室，大蓋百畝，堂上三百戶。以齊之大，具之三年而未能成，群臣莫敢諫王。春居問於宣王曰：『荆王釋先王之禮樂，而樂爲輕，敢問荆國爲有主乎？』王曰：『爲無主。』『荆王以千數，而莫敢諫，敢問荆國爲有臣乎？』王曰：『爲無臣。』『今王爲大室，其大蓋百畝，堂上三百戶。以齊國之大，具之三年而弗能成，群臣莫敢諫，敢問王爲有臣乎？』王曰：『爲無臣。』春居曰：『臣請辟矣。』趨而出，王曰：『春子。』春子反。『何諫寡人之晚也？寡人請今止之。』遽召掌書曰：『書之，寡人不肖而好爲大室，春子止寡人。』」此春子直諫宣王好爲大室之過，並得宣王察納雅言，痛改其非，猶若亡羊補牢，爲時未晚，致宣王得以不失其國，不爲天下笑矣。忠臣諫君之功，有似於桓公與宣王之爲得也。

除忠臣得以直言進諫之外，庶民無官，不得見王，然猶可以間接方式，傳聞於王。或若君王定期在外朝接見民衆，民衆直接提出質詢，而由侍從傳告君王；或若子產使民游于鄉校，以論執政，尊重自由，廣開言路，並以此作爲施政參考，擇其善而從之，其不善者而改之。是以行事多不悖禮法，理民多不違治道也。蓋民口之宣言也，善敗於是乎興，行善而備敗，足以阜財用與衣食者也。呂氏春秋達鬱篇曰：「天子聽政，使公卿列士正諫，好學博文獻詩，矇箴師誦，庶人傳語，近臣盡規，親戚補察，而後王斟酌焉，是以下無遺善，上無擧過。」由此可見，吾人今日所倡導之民主思想，實不必以爲完全皆來自西方，而必崇尙西方之政治，其蘊藏在祖先文化遺產中滋多，有待吾人探索深掘之耳。

苟人主嚴禁諫諍，驕恣縱慾，一意孤行，弭謗止論，自以爲得，自以爲治，則猶若障源欲水，水奚自至？賤欲貴惡，所欲奚來？以其專制獨裁，暴虐無道，民不堪命，怨聲沸騰，致君臣相怨，上下相忍，國鬱處久，百邪悉起，名辱身亡，不可遁也。呂氏春秋達鬱篇曰：「主德不通，民欲不達，此國之鬱也。國之鬱處久，則百惡並起，而萬災叢生矣。」又曰：「周厲王虐民，國人皆謗，召公以告，曰：『民不堪命矣。』王怒，使衞巫監謗者，得則殺之。國人莫敢言，道路以目。王喜，以告召公，曰：『吾能弭謗矣，乃不敢言。』召公曰：『是障之也，非弭之也。……今王塞下之口，而遂上之過，恐爲社稷憂。』王弗聽也，三年，國人流王於彘。」此厲王不受諫言，以殺弭謗，自以爲是，國鬱積久，卒遭放逐。蓋其塞下之口，而遂己之非，其失也，猶防川之潰，阻之堵之，致川壅而潰，傷人必多之過也，故終得其禍。

使人主無諫諍之臣，則必多聞邪枉諂諛之言矣。以其位高名大，權尊勢重，人之阿之，必亦甚矣。而讒諛姦宄之徒，投其所好，長其所過；乖辟吝鄙之輩，朋黨營私，殘害忠良。若此，國之不亡，身之不辱，不可得也。是以人君當以直士爲鏡，以明己之過，成己之功。呂氏春秋達鬱篇曰：「列精子高聽行乎齊湣王，著柬布衣，白縞冠，顙推之履，將會朝，而袪步堂下，謂其侍者曰：『我何若？』侍者曰：『公姣且麗。』列精子高因步而窺於井，粲然惡丈夫之狀，喟然嘆曰：『侍者爲吾聽行於齊王也。夫何阿哉？又況於所聽乎？』」此侍者之諛甚矣。苟列精子高不窺井以明己，則必爲其所蔽，而失本眞。人主好聽讒邪之言，而黜直諫之士，猶類於此。

若諫君於無人之所，不得要領，亦得質君於衆人之中，必使之改。此愛君之過，不愛其醜者也。蓋諫於私室，多得狡辯，或推諉責任，或虛應故事，終至敷衍搪塞，不了了之，直諫諍言，過眼雲烟；而質於人中，愧其衷心，其所言論，應昭信天下；其所行事，當服膺庶民。故不得不收斂其放恣之心，盡力其受諫之事焉。況天子既具前述德智兼備之才，當其受直言諫諍之時，必不致反懷羞愧疑沮，而甘心汚濁終焉；亦不致發其愧恥憤恨之心，不願降以相從；諒必能聞過則喜，聞善言則拜，達君臣相得之道也。呂氏春秋達鬱篇曰：「趙簡子曰：『厥也，愛我；鐸也，不愛我。厥之諫我也，必於無人之所；鐸之諫我也，喜質我於人中，必使我醜。』尹鐸對曰：『厥也，愛君之醜也，而不愛君之過也；鐸也，愛君之過也，而不愛君之醜也。臣嘗聞相人於師，敦顏而土色者忍醜。不質君於人中，恐君之不變也，此簡子之賢也。人主賢，則人臣之言刻。簡子不賢，鐸也卒不居趙地，有況乎在簡子之側哉？』」此人臣以必死之心，甘冒不諱，直言進諫，質於人中，唯賢主得以諒之從之，庸主則多怒之棄之，其棄取有別，故功業多異也。今簡子棄之，寧非憾事？

綜上所述，呂氏春秋對天子職權之限制，主張臣民有諫諍之權，此有似後世之監察制度。唯臣民雖有諫諍之權，然對天子無絕對之强制力量，僅因天子具有聖明之德，宜當樂於接受。或者退而言之，縱不肯接受，然經多人多次提出，多少總可對天子發生某種程度之影響作用。此呂氏春秋所主張者，不同於絕對之專制獨裁，而較霍布斯氏之說爲優者也。

三、臣民可以推翻暴政

呂氏春秋以爲當天子驕縱放恣，濫用職權，殘害忠良，濫殺無辜，則賢臣得以出奔，如先識篇曰：「夏太史令終古出其圖法，執而泣之，見桀迷惑，暴亂愈甚。太史令終古乃出奔如商，湯喜而告諸侯曰：『夏王無道，暴虐百姓，窮其父兄，恥其功臣，輕其賢良，棄義聽讒，衆庶咸怨，守法之臣，自歸于商。』」又曰：「殷內史向摯見紂之愈亂迷惑也，於是載其圖法，出亡之周。武王大說，以告諸侯曰：『商王大亂，沈於酒德，辟遠箕子，愛近姑與息，妲己爲政，賞罰無方，不用法式，殺三不辜，民大不服，守法之臣，出奔周國。』」蓋若人主迷惑暴虐，背義聽讒，賞罰失序，民怨沸騰，則賢臣被迫消極抵抗，不願歸順，致載其圖籍，出奔他國。如此者衆，則天子之位將不可自保，其結果，或將促使其反省領悟，進而改過遷善矣。

惟天子仍執迷不悟，而用以上諸法，皆不能得效之時，爲拯生靈於塗炭，而登之袵席之上，得以革命手段，推翻暴政。墨子非攻下篇曰：「昔者，禹征有苗，湯伐桀，武王伐紂，……彼非所謂攻，所謂誅也。」孟子離婁下篇曰：「君之視臣如土芥，臣之視君如寇讎。」梁惠王下篇曰：「聞誅獨夫紂矣，未聞弒君也。」又曰：「誅其君而弔其民，若時雨降，民大悅。」此墨子、孟子並以爲臣子有弔民伐罪，誅鋤暴君之權，而此行爲，非所謂攻，非所謂弒君也。呂氏春秋亦有相同之見解，其以爲臣民可以順天應人之理由，以革命之手段，誅其君而弔其民。此爲最後、最有效，亦爲最根本限制君權之方法。應同篇：「凡帝王者之將興也，天必先見祥乎下民，……及禹之時，天先見草木，秋冬不殺。禹曰：『木氣勝，木氣勝故其色尚青，其事則木。』及湯之時，天先見金，刃生於水。湯曰：『金氣勝，金氣勝，故其色尚白，其事則金。』及文王之時，天先見火，赤烏銜丹書，集於周社。文王曰：『火氣勝，火氣勝，故其色尚赤，其事則火。』……堯爲善而衆善至，桀爲非而衆非來。商箴云：『天降災布祥，並有其職。』以言禍福人或召之也。」抽象之天，其所以顯現不同，而得以懲治暴君者，除降災示警之外，猶當假諸臣民之手以誅之，此其順天應人，弔民伐罪之教也。愼大篇曰：「桀爲無道，暴戾頑貪，天下顫恐而患之，言者不同，紛紛介介，其情難得。干辛任威，凌轢諸侯，以及兆民，賢良鬱怨，殺彼龍逢，……桀愈自賢，矜過善非，……湯乃惕懼，……湯猶發師，以信伊尹之盟。故令師從東方出於國西以進，未接刃而桀走，逐之至大沙，身死離散，爲天下戮。」貴因篇曰：「武王使人候殷，反報岐周曰：『殷其亂矣。』……讒慝勝良矣，……賢者出走矣，……百姓不敢誹怨矣。』要期甲子之朝，而紂爲禽。」又曰：「武王至鮪水，殷使膠鬲候周師，……武王果以甲子至殷郊，殷已先陳矣。至殷，因戰，大克之，此武王之義也。」故知呂氏春秋多述湯及武王之功德者，抑亦爲其能替天行道，誅君弔民乎！此呂氏春秋之說遠較霍布斯氏爲勝，而有同於洛克氏者也。

綜上所述，吾人可知天子之立也，非爲一己之私，必以天下之公利爲利也。如其濫用職權，暴虐無道，營私遂非，殘害忠良，臣民以諫諍、出奔等消極方法限制君權，而有所不得之時，得以積極方式，揭竿起義，弔民伐罪，廢其非君道者，而立其行君道者。呂氏春秋恃君篇曰：「置君非以阿君也，置天子非以阿天子也，置官長非以阿官長也，德衰世亂，然後天子利天下，國君利國，官長利官，此國之所以遞興遞廢，亂難之所以時作也。」故知立天子者，非欲阿之順之，便之利之，乃欲全生利群，福國利民，因而放棄個人之自然權利，而形成政體，賦予君權，管轄人民。使君權濫施，人民受害，忍無可忍，自可放伐暴君，維護人民之自然權利也。

肆、政長之產生

墨子以爲各級政長之產生，乃天子依承天意或基於天之授權以選立三公，三公輔佐天子選立國君諸侯，國君諸侯商承天子或基於天子之授權以選立卿之宰或左右將軍大夫，卿之宰或左右將軍大夫輔佐國君諸侯，選立鄉長家君以及里長。換言之，卽諸侯國君以下各級政長之選立，均由天子授權該政長之上級長官負責甄選，而於選定之後，必須報請天子鑒核任命之，亦卽非天子一人獨攬，亦非各級政長自作主張。至於天子之任命百官，則依墨子之說，自亦當秉承天意而任命之。（註十三）

呂氏春秋胥時篇曰：「伍子胥欲見吳王而不得，客有言之於王子光者，見之而惡其貌，不聽其說而辭之。客請之王子光，王子光曰：『其貌適吾所甚惡也。』客以聞伍子胥，伍子胥曰：『此易故也，願令王子光居於堂上，重帷而見其衣若手，請因說之。』王子光許之。伍子胥說之半，王子光舉帷，搏其手而與之坐，說畢，王子光大說。伍子胥以爲有吳國者，必王子光也。退而耕於野，七年，王子光代吳王僚爲王，任子胥。子胥乃修法制，下賢良，選練士，習戰鬥。」舉難篇曰：「寧戚欲干齊桓公，窮困無以自進，於是爲商旅，將任車以至齊，暮宿於郭門之外，桓公郊迎客，夜開門，……寧戚飯牛車下，望桓公而悲，擊牛角疾歌，桓公聞之，撫其僕之手曰：『異哉！之歌者，非常人也。』命後車載之，桓公反至，從者以請。桓公曰：『賜之衣冠，將見之。』寧戚見，說桓公以治境內。明日復見，說桓公以爲天下。桓公大說，將任之，群臣爭之曰：『客，衛人也，衛之去齊不遠，君不若使人問之，而固賢者也，用之未晚也。』桓公曰：『不然！問之，患其有小惡，以人之小惡，亡人之大美，此人主之所以失天下之士也已。』」綜此二段文義，吾人可知，際此封建時代，天子諸侯並皆世襲，而其下政長之產生，可經由人君知其人之才，愛其人之議，而直接任命，如王子光任伍子胥，桓公任寧戚是。此知而愛之，善而信之，必得以實現其政治理想與抱負，較墨子「天意」「天授」之說，實爲公允而洽當。蓋所謂「天意」「天授」，如可知，如不可知；如可見，如不可見；幽微難料，淵深莫測；以此「天意」「天授」選立政長，恐未盡是也。

呂氏春秋勿躬篇曰：「管仲復於桓公，曰：『墾田仞邑，辟土藝粟，盡地之利，臣不若寧遫，請置以爲大田；登降辭讓，進退閑習，臣不若隰朋，請置以爲大行；蚤入晏出，犯君顏色，進諫必忠，不辟死亡，不重貴富，臣不若東郭牙，請置以爲大諫；平原廣牧，車不結軌，士不旋踵，鼓之而三軍之士，視死如歸，臣不若王子城父，請置以爲大司馬；決獄折中，不殺無辜，不誣無罪，臣不若弦章，請置以爲大理。……』桓公曰：『善！』令五子皆任其事，以受令於管子。」知度篇曰：「趙襄子之時，以任登爲中牟令，上計，言於襄子曰：『中牟有士曰膽胥己，請見之。』襄子見而以爲中大夫，相國曰：『意者君耳而未之目邪？爲中大夫，若此其易也，非晉國之故。』襄子曰：『吾擧登也，已耳而目之矣。登所擧，吾又耳而目之，是耳目人終無已也。』遂不復問，而以爲中大夫。」是知政長對其所管轄區內之人事較爲瞭解，可由其推薦賢良，經天子或諸侯認定而任官，如管仲之薦五子爲大夫是；亦可由政長保擧賢能之士，引見於天子或諸侯，而既引見矣，不復考較，耳聞其名，目識其實，盡信薦言，遂予之官，如趙襄子之任任登爲中大夫是。此與墨子以爲國君諸侯以下政長之選立，由該政長之上級長官甄選，而於選定之後，須報請天子鑒核並任命之，亦即所謂非天子一人獨攬，亦非政長自作主張，同其旨趣。

苟人主欲任用政長，已有腹案，唯疑而不能定奪，亦可經由詢問臣子，相與研議，而後任命之，如呂氏春秋擧難篇曰：「魏文侯弟曰季成，友曰翟璜，文侯欲相之，而未能決，以問李克。李克對曰：『君欲置相，則問樂騰與王孫苟端孰賢？』文侯曰：『善！』以王孫苟端爲不肖，翟璜進之；以樂騰爲賢，季成進之；故相季成。」此與墨子所謂「輔佐」之意，有異曲同工之妙。蓋墨子之意謂下級政長負責甄選，而經上級政長認定後任命。而此篇之意謂上級政長甄選後，疑而未定，得與下級政長共同研議後任命，其甄選前後，容有不同，然君臣之間，得以互相「輔佐」，互相「研議」之精神者同。

綜上所述，呂氏春秋以爲政長之產生，除天子或諸侯認爲其人之可用，而直接任命外，尚可由臣子推薦保擧，而後經天子或諸侯認定，亦可經由天子或諸侯自行甄選後，與臣子議定。其法較墨子爲多爲善也。

伍、治國理民之道

天子、諸侯既擁有天下、國家，則當本其愛利之心，爲天下萬民興利除害，因此呂氏春秋提出許多治國理民之道，完整精密，細大不靡，今擧其犖犖大者，足賅其細。

一、無知無爲

論語爲政篇：「爲政以德，譬如北辰，居其所，而衆星共之。」衞靈公篇曰：「無爲而治者，其舜也與！夫何爲哉？恭己正南面而已矣。」陽貨篇曰：「子曰：『予欲無言！』子貢曰：『子如不言，則小子何述焉？』子曰：『天何言哉！四時行焉，百物生焉；天何言哉？』」孟子公孫丑上篇曰：「孟子曰：『大舜……善與人同，舍己從人，樂取於人以爲善；自耕稼陶魚，以至爲帝，無非取於人者。』」是知儒家之無知無爲，乃欲人君藉道德修養之轉化，而去其一己之才能與好惡，使人臣表現其才智，以遂天下人之好惡。蓋人君有至上之權勢，苟不藉道德之轉化，必致挾其政治權威，壓抑臣下之才智，斲喪天下人之遂生安性矣，因而造成人主與臣民之對立局面。

老子二十五章曰：「人法地，地法天，天法道，道法自然。」莊子在宥篇曰：「聞在宥天下，不聞治天下也。……故君子不得已而臨蒞天下，莫若無爲。無爲也而後安其性命之情。故貴以身於爲天下，則可以託天下；愛以身於爲天下，則可以寄天下。故君子苟能無解其五藏，無擢其聰明；尸居而龍見，淵默而雷聲，神動而天隨，從容無爲而萬物炊累焉。吾又何暇治天下哉！」天道篇曰：「夫虛靜恬淡寂寞無爲者，萬物之本也。明此以南鄕，堯之爲君也；明此以北面，舜之爲臣也。……上必無爲而用天下，下必有爲爲天下用，此不易之道也。」綜此，吾人可知道家無知無爲乃欲人君順應自然，而使萬物自適自化，成其無爲而無不無，君人南面之術。

韓非子主道篇曰：「明君無爲於上，群臣竦懼乎下。明君之道，使智者盡其慮，而君因以斷事，故君不窮於智；賢者效其材，君因而任之，故君不窮於能；有功則君有其賢，有過則臣任其罪，故君不窮於名。……虛靜無事，以闇見疵，……去其智，絕其能，下不能意。」是法家欲人君無知無爲，以審其分職，任其法術，使人臣有爲，而後得以循名責實，既不致勞形傷身，亦不爲臣下所乘。

呂氏春秋勿躬篇曰：「人之意苟善，雖不知，可以爲長。……聖人之所以治天下也，聖人不能二十官之事，然而使二十官盡其巧，畢其能，聖王在上故也。聖王之所不能也，所以能之也；所不知也，所以知之也。養其神，脩其德而化矣，豈必勞形愁慮弊耳目哉？是故聖王之德，融乎若日之始出，極燭六合，而無所窮屈；昭乎若日之光，變化萬物，而無所不行；神合乎太一，生無所屈，而意不可障；精通乎鬼神，深微玄妙，而莫見其形。今日南面，百邪自正，而天下皆反其情，黔首畢樂其志，安育其性，而莫爲不成。故善爲君者，務服性命之情，而百官已治矣，黔首已親矣，名號已章矣。」

是欲人君藉道德修養之轉化，以出世的精神，去其一己之才能與好惡，而使人臣表現其才智，而達仁民愛物，兼善天下之目的，此與儒家思想相同者也。

呂氏春秋君守篇曰：「得道者必靜，靜者無知，知無知，乃可以言君道也。……天之本靜，既靜而又寧，可以爲天下正。……故曰：『不出於戶，而知天下；不窺於牖，而知天道；其出彌遠者，其知彌少。』故博聞之人，彊識之士，闕矣；耳目之事，思慮之務，敗矣；堅白之察，無厚之辯，外矣。不出者，所以出之也；不爲者，所以爲之也。……故昊天無形，而萬物以成；至精無爲，而萬物以化；大聖無事，而千官盡能。此之謂不教之教，無言之詔。」是欲人君法天之既靜且寧，無知無爲，以使萬物自適自化，而達於不教之教，無言之詔，與道家無爲而無不爲，君人南面之術之思想相同。

呂氏春秋勿躬篇論及桓公令管仲所推薦之五子皆任其事，以受令於管子。十年，九合諸侯，一匡天下，皆夷吾與五子之能也。故曰：「管子，人臣也，不任己之能，而以盡五子之能，況於人主乎？……凡君也者，處平靜，任德化，以聽其要。若此，則形性彌羸，而耳目愈精；百官愼職，而莫敢愉綖。人事其事，以充其名，名實相保，之謂知道。」是欲人君無知無爲，以無當爲當，以無得爲得，審其職分，以聽其要，而循名責實，得其功效；不致名實相擾，勞形傷身；亦不致爲臣下阿諛乘隙，敗亂國事。此與法家思想相同。

然則呂氏春秋主張人君須無知無爲，其理由如下：

第一：君道無知無爲，賢於有知有爲。蓋其能無知無爲，故能取儒家人君德化治國，道家無爲而無不爲，法家循名以責其實等諸家之長，而去其短。誠如任數篇曰：「故至智棄智，至仁忘仁，至德不德。無言無思，靜以待時，時至而應，心暇者勝。凡應之理，清淨公素，而正始卒，焉此治紀。無唱有和，無先有隨。古之王者，其所爲少，其所因多。因者，君術也；爲者，臣道也。爲則擾矣，因則靜矣。因冬爲寒，因夏爲暑，君奚事哉？故曰：『君道無知無爲，而賢於有知有爲』」此「無唱有和，無先有隨。古之王者，其所爲少，其所因多。因者，君術也；爲者，臣道也。爲者擾矣，因則靜矣。」正儒家人君德化之旨；「至智棄智，至仁忘仁，至德不德。無言無思，靜以待時，時至而應，心暇者勝。」是道家無爲之旨；「凡應之理，清靜公素，而正始卒，焉此治紀。」爲法家治國之道。

第二：君臣分層負責，若居車上任驥。蓋人君不自任其才智，使君臣不易操，而能正名審分，以達分閫責成之義，則人臣必死綏任咎，盡職效命矣。如審分篇曰：「凡爲善難，任善易，奚以知之。今與驥俱走，則人不勝驥矣。居於車上而任驥，則驥不勝人矣。……夫人主亦有車，無去其車，則衆善皆盡力竭能矣。諂諛詖賊巧佞之人，無所竄其姦矣；堅窮廉直忠敦之士，畢竟勸騁騖矣。人主之車，所以乘物也。察乘物之理，則四極可有。」此人主得其執鞭御馬之道，則四馬莫敢不盡力矣；而人君得其治國理民之方，則臣民不敢懈怠，有似於此。

第三：苟有知有爲，則人臣諛悅阿君。蓋人君有知有爲，則人臣得以其言之當也，而知其狂；復以其言之得也，而知其惑。遂致奉承諂媚，飾過掩非。主有惡，臣無以諫；臣有失，主無以責。君臣易勢，尊卑失序，國衰亂亡，由此起也。故君守篇曰：「凡姦邪險陂之入也，必有因。何因哉？因人主之爲。人主好以己爲，則守職者舍職而阿主之爲矣。阿主之爲，有過則主無以責之，則人主日侵，而人臣日得，是宜動者靜，宜靜者動，尊之爲卑，卑之爲尊，從此生矣。此國之所以衰，而敵之所以攻之也。」任數篇曰：「凡官者，以治爲任，以亂爲罪。今亂而無責，則亂愈長矣。人主以好爲示能，以好唱自奮；人臣以不爭持位，以聽從取容。是君代有司爲有司也，是臣得後隨以進其業也。」是知人主自以爲知，好以己爲，則多聞邪妄，不識直言。乖辟姦佞之徒，朋黨爲奸；險陂嬌枉之輩，越權僭位。國不衰亡，未之有也。

第四：人主恃其耳目心智，所識必闕。蓋天下萬事，繁冗駁雜，徒恃一己之力，必致勞形傷神，功效缺缺，實若有涯之身隨無涯之事，殆矣。故任數篇曰：「去聽無以聞則聰，去視無以見則明，去智無以智則公。夫三者不任則治，三者任則亂，以此言耳目心智之不足恃也。耳目心智，其所以知識甚闕，其所以聞見甚淺。以淺闕博居天下，安殊俗，治萬民，其說固不行。十里之間，而耳不能聞；惟牆之外，而目不能見；三畝之宮，而心不能知。而欲東至開梧，南撫多顯，西服壽靡，北懷儋耳，若之何哉？」是知耳目心智有其所習，有其所蔽，而所能知識，所能聞見者，既闕且淺，徒恃之以治政，不足以居天下，安殊俗，治萬民也。

第五：人臣事事請示，人君必致窮屈。蓋人君智巧有限，苟不能任人分職，用非其有，分層負責，各有所司，反致不論鉅靡，事必躬親，使愚拙者須請，巧智者須詔，因而請示者愈多，人主實無法應付；抑有甚者，竟有造成錯誤之判斷，與無可挽回之裁決，斲喪威信，盡失治道。若此，將何以御衆？

如知度篇曰：「人主自智而愚人，自巧而拙人。若此，則愚拙者請矣，巧智者詔矣。詔多，則請者愈多矣；請者愈多，且無不請矣。主雖巧智，未無不知也。以未無不知，應無不請，其道固窮，爲人主而數窮於其下，將何以君人乎？」故人主欲君人也，不自以爲知，不自以爲巧，庶幾近之矣。

第六：無知無爲，則險陂讒慝無由入。蓋人主無知無爲，則得以御臣，而不爲詔諛巧佞之人，由其智爲，窺識缺失，因緣成姦。以其無知，故不得識其智；以其無爲，故不得伺其爲。反致城腑甚藏，淵深莫測，人臣敬畏有加，不敢偷惰，邪辟乖違，無由起也。君守篇曰：「故善爲君者無識，其次無事。有識則不備矣，有事則不恢矣。此官之所以疑，而邪之所從來也。……故思慮，自傷也；智瞎，自亡也；奮能，自殃也；有處，自狂也。故至神逍遙，倏忽而不見其容；至聖變習移俗，而莫之其所從。離世別群，而無不同；君名孤寡，而不可障壅。此則姦邪之情得，而險陂讒慝詔諛巧佞之人無由入。」由此可知，「無識」爲「無事」之主意；「無事」爲「無識」之功夫。亦卽「無識」爲「無事」之始，「無事」爲「無識」之成。而「無識」「無事」實合而爲一，如「無識」而不行「無事」，是謂「有識」，有識，則事有不備矣；如「無事」而不行「無識」，是謂「有事」，有事，則智有不恢矣。有識有事，事不備，智不恢，則官疑邪至，不可禁也。

二、貴因藉勢

荀子勸學篇云：「吾嘗跂而望矣，不如登高之博見也。登高而招，臂非加長也，而見者遠；順風而呼，聲非加疾也，而聞者彰；假輿馬者，非利足也，而致千里；假舟檝者，非能水也，而絕江河。

君子生非異也，善假於物也。」由此可知能因非其己之所有，則成事易速，力少功多。故因人事之情，因時勢之宜，而順勢利導，必致事半功倍，猶登高博見，順風聲疾也。反之，其成事緩而且難，必致事倍功半，猶舉踵企望，逆風聲緩也。

呂氏春秋貴因篇曰：「三代所寶莫如因，因則無敵。禹通三江五湖，決伊闕，迴溝路，注之東海，因水之力也；舜一徙成邑，再徙成都，三徙成國，而堯授之禪位，因人之心也；湯武以千乘制夏商，因民之欲也。如秦者立而至，有車也；適越者，坐而至，有舟也。秦越，遠塗也，靜立安坐而至者，因其械也。……故因則功，專則拙，因者無敵。」是知因則貧賤足以致富貴，小弱足以制強大，安坐得以達千里，其爲功至矣。君道因之而不爲，責之而不詔，則盡得臣子之智，盡用臣子之能，因而可以虛靜以待，使百官畢力騁智，群臣不敢竄其姦矣。

苟人主不能貴因順勢，而失先機之兆，與時事之宜，致時移勢轉，上下相悖，而欲禍患不生，家國無爲，不可得也。如呂氏春秋愼勢篇曰：「齊簡公有臣曰諸御鞅，諫於簡公曰：『陳常與宰予二臣者，其相憎也。臣恐其相攻也，相攻唯固，則危上矣，願君之去一人也。』簡公曰：『非而細人所能識也。』居無幾何，陳常果攻宰予於庭，賊簡公於廟，簡公喟焉太息曰：『余不能用鞅之言，以至此患也。』」此簡公未能貴因藉勢而制陳常，失之乎數，無得其勢，卒遭其禍，雖悔無益也。

然則，貴因之道何如耶？其要在能因時之宜。蓋時至而爲，多得地利人和之便，而行事易如反掌；失時而爲，多失先機制宜之道，而行事難如登天。時之不可蹉跎也，以其稍縱卽逝，千載難逢；事之宜乎待時者，以其因時擧事，事多不廢也。四時寒暑之輪序，時至而事得以生之，聖人雖不能爲時，然退而修其聖德，使事適於時，其功必大，猶湯武之賢遇桀紂之時也。苟有湯武之賢，而無桀紂之時，不能成建國之事功；有桀紂之時，而無湯武之賢，不能誅殘賊之獨夫。是時之與功，猶步之與影，須臾不可離也；可離，非成事之道也。故賢智之士，靜以待時，心暇取勝，卒從貧賤而佐君王，從匹夫而報萬乘也。呂氏春秋胥時篇曰：「聖人之於事，似緩而急，似遲而速，待時也。王季歷困而死，文王苦之，有不忘羑里之醜，時未可也；武王事之，夙夜不懈，亦不忘玉門之辱，立十二年而成甲子之事。」又曰：「伍子胥欲見吳王而不得，客有言之於王子光者，見之而惡其貌，不聽其說而辭之。客謂之王子光，王子光曰：『其貌適吾所甚惡也。』客以聞伍子胥，伍子胥曰：『此易故也。願令王子居於堂上，重帷而見其衣若手，請因說之。』王子光許之。伍子胥說之半，王子光擧帷，搏其手而與之坐。說畢，王子光大說。伍子胥以爲有吳國者，必王子光也。退而耕於野，七年，王子光代吳王僚爲王，任子胥。子胥乃修法制，下賢良，選練士，習戰鬥。六年，然後大勝楚於柏擧，……鄉之耕，非忘父之讎也，待時也。」又曰：「賢主秀士之欲憂黔首者，亂世當之矣。天不再與，時不久留，能不兩工，事在當之。」是知事之難易，多不在小大之區分，而在遇時之有否。事雖易，不遇時，無功；事雖難，而遇時，有功。此武王、伍子胥及賢主秀士之所以待時也。故冰凍方固，農民不種，春風送暖，農民力耕也。

除因時之宜外，猶當因人之欲，以成己之功。呂氏春秋順說篇曰：「管子得於魯，魯束縛而檻之，使役人載而送之齊，皆謳歌而引車，管子恐魯之止而殺己也，欲速至齊，因謂役人曰：『我爲汝唱，汝爲我和。』其所唱和，適宜走，役人不倦，而取道甚速，管子可謂能因矣。」此管子使役人得其所欲，故行之不倦，而取道甚速，卒脫身困見殺之辱，可謂得貴因之旨矣，是見因欲之爲功大矣。蓋天生人也，必使之有欲，有欲而不得不求。故爲政者，必因民之所欲，順之導之，而得民心，得民心，而天下得。此「舜一徙成邑，再徙成都，三徙成國，而堯授之禪位，湯武以千乘制夏商。」（註十四）之故也。苟不因民之所欲，逆之惡之，必失民心，失民心而天下亡矣。貴因篇曰：「武王至鮪水，殷使膠鬲候周師，武王見之，膠鬲曰：『西伯將何之，無欺我也。』武王曰：『不子欺，將之殷也。』膠鬲曰：『朅至。』武王曰：『將以甲子至殷郊，子以是報矣。』膠鬲行，天雨，日夜不休。武王疾行不輟，軍師皆諫曰：『卒病，請休之。』武王曰：『吾已令膠鬲以甲子之期報其主矣。今甲子不至，是令膠鬲不信也，膠鬲不信，其主必殺之，吾疾行以救膠鬲之死也。』武王果以甲子至殷郊，殷已先陳矣。至殷，因戰，大克之。此武王之役也。』」殷之所以敗者，蓋爲民之所惡，暴虐無道於先，致「讒慝勝良」「賢者出走」「百姓不敢怨誹」（註十五），故雖先陳，何益於戰？抑令武王貴因而功成也。以武王修德待時，爲民之所欲，卒取其民，未戰而事成，既戰而王矣。

既因時、因人矣，猶當因事之宜。蓋成就此事，多有助於彼事，而彼事之效，亦助益此事，彼此互爲因果，相反相生，變化微妙，不可不察。呂氏春秋不廣篇曰：「晉文公欲合諸侯，咎犯曰：『不可，天下未知君之義也。』公曰：『何若？』咎犯曰：『天子避叔帶之難，出居於鄭，君奚不納之？

以定大義，且以樹譽。』文公曰：『吾其能乎？』咎犯曰：『事若能成，繼文之業，定武之功，闢土安疆，於此乎在矣。事若不成，補周室之闕，勤天子之難，成教垂名，於此乎在矣，君其勿疑。』文公聽之，遂與莫中之戎，驪土之翟，定天子於成周，於是天子賜之南陽之地，遂霸諸侯。舉事義且利，以立大功，文公可謂智矣。』」此文公因事制宜，故受賜南陽之地，享譽諸侯，卒成其霸業，可謂善因者也。苟行事不義，則既不得南陽之賜，而天下復不知文公之義，何圖霸之有乎？貴信篇明言齊桓公受魯莊王、曹翽之挾持，要求封於汶地，故桓公「與之盟，歸而欲勿予。管仲曰：『不可。人將劫君而不知，不可謂智；臨難而不能勿聽，不可謂勇；許之而不予，不可謂信；不智、不勇、不信，有此三者，不可以立功名。予之，雖亡地，亦得信。以四百里之地，見信於天下，君猶得也。』莊公，仇也；曹翽，賊也；信於仇賊，又況於非仇賊者乎？夫九合之而合，壹匡之而聽，從此生矣。」管仲可謂能因矣，視辱以爲榮，視窮以爲通，寧小失於前，而後得大功也。不然，不能以退爲進，以失爲得，復且無智以知人之將劫，無勇以死臨難之患，無信以明封地之諾，而盡貪四百里之地，遂失其立國之基，雖能小得於一時，必遭大禍於未來，何得九合一匡之功乎？

成事之道，猶貴能藉乎其勢。因其勢以自爲勢，因其力以自爲力，若滾石下山，力少勢易。荀子勸學篇云：「西方有木焉，名曰射干，莖長四寸，生於高山之上，而臨百仞之淵，木莖非能長也，所立者然也。」呂氏春秋順說篇曰：「順風而呼，聲不加疾也；登高而望，目不加明也；所因使也。」愼勢篇曰：「水用舟，陸用車，塗用輴，沙用鮢，山用樏，因其勢也。」此並爲藉勢之道也，爲政治國之道亦然。蓋大足以使小，重足以使輕，衆足以服寡，整足以治亂，其所用彌大，其所欲彌易。故愼勢篇曰：「海上有十里之諸侯，以大使小，以重使輕，以衆使寡，此王者之所以家爲國也。故曰：『以滕費則勞，以鄒魯則逸，以宋鄭則猶倍日而馳也，以齊楚則舉綱而加旃而已矣。』……湯其無郼，武其無岐，賢雖十，不能成功。湯武之賢，而猶藉之乎勢，又況不及湯武者乎？」蓋大者勢强，勢强得以使弱；小者勢弱，勢弱則力屈。由此可知，勢不厭其尊，權不厭其大，權大勢尊，雖賢德之士，猶當因之爲之。故勢尊者，其令行敎受，威望得以立，姦邪得以止。若天子者，令乎諸侯，諸侯不敢不從；若諸侯者，令乎大夫，大夫必是從之。苟反於此道，雖堯舜不足以治天下，雖湯武未足以服民。

諸侯、大夫不欲臣於人，而不得不臣於人者，其權小位低，無從藉勢之故也。苟得藉勢之道，雖千乘可制乎萬乘，雖貧賤可以勝富貴矣。呂氏春秋貴因篇曰：「武王使人候殷，反報岐周曰：『殷其亂矣。』武王曰：『其亂焉至。』對曰：『讒慝勝良矣。』武王曰：『尚未也。』又往，反報曰：『其亂加矣。』武王曰：『焉至？』對曰：『賢良出走矣。』武王曰：『尚未也。』又往，反報曰：『其亂甚矣。』武王曰：『焉至？』對曰：『百姓不敢誹怨矣。』武王曰：『嘻！』遽告太公。太公對曰：『讒慝勝良命曰戮，賢者出走命曰崩，百姓不敢誹怨命曰刑勝。其亂至矣，不可以駕矣。』故選車三百，虎賁三千，要期甲子之期，而紂爲禽。」此武王因乎殷之「戮」「崩」「刑勝」之勢，遂得以弱勝强，以小制大，可謂善於藉勢者也。亦卽殷失乎其數，求民之信；失乎其勢，求國之存；若吞舟大魚處於陸地，雖螻蟻之小，不能勝之。是知權勢鈞等，則不能相使幷。故藉勢之要，不可不愼也。

綜上所述，貴因實足以致藉勢之機，而藉勢亦足以成貴因之旨，二者相輔相成，相因相依，不可須臾離也；可離，則敗政事之功也。

三、賞善罰惡

堯使皐陶以爲刑（註十六），舜流共工于幽州（註十七），雖至治之世，不釋刑罰；以人之情也，趨吉避凶，好爵祿，惡刑罰，因而明主設賞以奬功勞，陳刑以戒罪過，故得以駕御臣民，治理天下。韓非子二柄篇云：「明主之所導制其臣者，二柄而已矣。二柄者，刑德也。何謂刑德？曰殺戮之謂刑，慶賞之謂德。爲人臣者，畏誅伐而利慶賞，故人主自用其刑德，則群臣畏其威而歸其利也。」藉殺戮之刑以立威，使民懼而避之；藉慶賞之功以立德，使民喜而欲之；足以長有道，而息無道；賞有義，而罰不義。蓋人情有好有惡，是以賞罰可用，賞罰可用，則民急去其惡，爭得其利，因而禁令得以立，而治道具矣。呂氏春秋用民篇曰：「闔廬試其民於五湖，劍皆加於肩，地流血不可止；句踐試其民於寢宮，民爭入水火，死者千餘矣，遽擊金而却之，賞罰有充實也。」此闔廬句踐之民，何得置其死生之不顧焉？蓋其亟欲榮利，深惡辱害，而榮利足以得其所欲之賞，辱害足以去其所畏之罰，賞罰皆有充實，故民無不爲其所用也。是知賞罰之於臣民也，猶轡策之於駟馬也。得轡策執御之道，則駟馬莫敢不盡力；得賞罰善惡之方，則臣民莫敢不效命。

苟人主無賞罰之權，則人情無所趨避，政令無由貫徹，人欲橫流，爲所欲爲，政衰民亂，兵連禍結，由此生矣。蓋自由而無法治，則易流於暴民政治；專制而無賞罰，則易流爲虛君政治；民暴君虛，上下相悖，政令不行，亦可知也。管子七法篇云：「有功而不能賞，有罪而不能誅，若是而能治民者，未之有也。」呂氏春秋用民篇曰：「古者多有天下而亡者矣，其民不爲用也。用民之論，不可不熟。劍不徒斷，車不自行，或使之也。夫種麥而得麥，種稷而得稷，人不怪也。用民亦有種，不審其種，而祈民之用，惑莫大焉。當禹之時，天下萬國，至於湯而三千餘國，今無存者矣，皆不能用其民也。民之不用，賞罰不充實也。」人之所以惡爲無道者，爲其罰也；所以務爲行義者，爲其賞也。今見惡不能罰，見善不能賞，徒長惡抑善，進邪黜正。若此，欲民之治，猶務燥而近濕，其不可得，亦可知矣。故無賞罰不能治萬民，猶無轡策不得御駟馬也。無轡策，非徒不能御，猶且覆車摧轅；無賞罰，非僅不得治，猶且國滅身喪，可不愼乎？

然則，賞罰之道何如耶？首要在於能本之以義。蓋義則足以敎民，致民人忠信親愛，人臣竭智盡忠，道彰智明，民安成性，足以敎成。旣敎成矣，雖厚賞嚴威，不足以禁。唯此所謂義者，非謂一時一地事功之大小，而爲永世永時，事理之合宜也。呂氏春秋義賞篇曰：「昔晉文公將與楚人戰於城濮，召咎犯而問焉，曰：『楚衆我寡，奈何而可？』咎犯對曰：『臣聞繁禮之君，不足於文；繁戰之君，不足於詐；君亦詐之而已。』文公以咎犯言告雍季，雍季曰：『竭澤而漁，豈不得魚？而明年無魚。……詐僞之爲道，今雖偸可，後將無復，非長術也。』文公用咎犯之言，而敗楚人於城濮，反而爲賞，雍季在上。」咎犯以急智詐僞應變，固足以却敵，唯僅適於一時，匪足爲萬世之法，而雍季之論，足立國家千古不朽之基業，益近於義，是以文公賞之在咎犯之上。此權變得宜，尊賢得當。賞雍季有道，而臣民莫不敬服，誠可謂義賞者也。同篇又曰：「趙襄子出圍，賞有功者五人，高赫為首。張孟談曰：『晉陽之事，赫無大功，賞而為首，何也？』襄子曰：『寡人之國危，社稷殆，身在憂約之中，與寡人交，而不失君臣之禮者，惟赫，吾是以先之。』」襄子之賞也，賞一人，而天下為人臣者，莫敢於憂約之中，失其敬君之禮，可謂合事宜之義賞也。故襄子「為六軍則不可易，北取代，東迫齊，令張孟談踰城潛行，與魏桓韓康期而擊智伯，斷其頭以為觴，遂定三家。」（註十八）義賞之功，可謂大矣。苟賞罰不義，姦偽賊亂之道興，暴虐貪戾之民起，久興不止，斂之多失，民讎成性，若戎夷貉越，雖厚賞嚴罰，不足以變也。知分篇曰：「凡使賢不肖異，使不肖以賞罰，使賢以義。故賢主之使其下也，必以義，必審賞罰，然後賢不肖盡為用矣。」是使賢以義理之道，能以國士待之，必得其以國士之報；使不肖以賞罰之方，唯賞罰亦當審之以義，而得義賞愼罰之當。若此，賢不肖盡為所用。

其次，要在能本之以愛利之心。蓋其愛利之心諭，威乃可行，威行，賞罰始得其功效。以愛利之心治民，則必以仁義治之，必以忠信導之，務除百姓之災，思致萬民之福。故民咸祈為所用，若水之就下，沛然莫之能禦。以此立威行罰，民感悟於心，焉有不從令敬服者乎？苟無愛利之心，不論人之性，不顧人之情，徒疾行威，濫施賞罰，欲以多威使民，威欲多，民欲不服。猶宋人取道，其馬不進，剄而投水，又復取道，馬復不進，又剄而投水，如此者三，不得造父之巧，徒肆其威，無益於御（註十九）。亂世之主，有似於此，其不能推己及人，人溺己溺，徒以君長之威勢，肆行賞罰，其力必有所不逮，致賞之不勸，罰之不懼，盡失使民之道，國亡身戮，不可免矣。呂氏春秋適威篇曰：「亂國之君使其民，不論人之性，不反人之情，煩爲教而過不識，數爲令而非不從，巨爲危而罪不敢，重爲任而罰不勝。民進則欲其賞，退則畏其罰，知其能力之不足也，則以僞繼之。以僞繼之，則上又從而罪之。是以罪召罪，上下之相讎也，由是起矣。故禮煩則不莊，業衆則無功，令苛則不聽，禁多則不行。桀紂之禁，不可勝數，故民不用，而身爲戮，極也。子陽好嚴，有過而折弓者，恐必死，遂應猘狗而殺子陽，極也。」行賞令罰之威，宜得其適，得適之道，在於愛利之心。綜前所論，可以知矣。

其次，要在能本之以信，使令出必行，賞出必致，不因一人之好惡而稍改，不因一時之喜怒而驟變，是以周公力勸成王，遂其唐叔之封（註二十）；管仲深勉齊桓，成其魯莊之劫（註二十一）。其成而歸之者，非獨叔虞、魯莊也，天下之人皆歸矣，故能成其王覇之業。呂氏春秋貴信篇曰：「凡人主之信，信而又信，誰人不親，故周書曰：『允哉！允哉！以言非信，則百事不滿也。』故信之爲功大矣。信立，則虛言可以賞矣。虛言可以賞，則六合之內，皆爲己有矣。信之所及，盡制之矣。制之而不用，人之有也。制之而用之，己之有也。己有之，則天地之物，畢爲用矣。」是信賞必罰，其爲功大矣。苟賞罰不信，則民投機取巧，因循貪妄，易致犯法，而終不可使令，盡失治國之道也。

第三節　理想之人事制度

壹、求賢之必要

治國之事，至繁且鉅，非君主一人所可自爲之也。故必選賢而任之，簡能而使之，使賢者在位，能者任職，而後以羣臣之賢能，理至繁之國事。使其策劃政略，竭智籌慮，縝密周詳；推動政務，孜矻奮勉，畢力騁能。因而人君得以用非其有，如己有之，盡得南面爲王，垂拱而化之道也。呂氏春秋察微篇曰：「使治亂存亡，若高山之與深谿，若白堊之與黑漆，則無所用智，雖愚猶可矣。且治亂存亡則不然，如可知，如不可知；如可見，如不可見。故智士賢者，相與積心愁慮以求之，猶尙有管叔蔡叔之事，與東夷八國不聽之謀。故治亂存亡，其始若秋毫，察其秋毫，則大物不過矣。」是治亂存亡，幽約難見，淵深莫測，如可知之，可見之；如不可知之，不可見之。故智士賢者，相與積心愁慮以求國治民安，猶尙有一、二之失，況愚昧無知者乎？必等而下之，失之多矣。故治國理民，不可不求智士賢者也。

呂氏春秋樂成篇曰：「孔子始用於魯，魯人鷖誦之曰：『麛裘而韠，投之無戾；韠而麛裘，投之無郵。』用三月，男子行乎塗右，女子行乎塗左，財物之遺者，民莫之舉。大智之用，固難踰也。」

又曰：「子產始治鄭，使田有封洫，都鄙有服，民相與誦之曰：『我有田疇，而子產賦之；我有衣冠，而子產貯之；孰殺子產，吾其與之。』後三年，民又誦之曰：『我有田疇，而子產殖之；我有子弟，而子產誨之；子產若死，其誰嗣之。』」孔子、子產事成功立，爲百姓利，以其智能多賢，所見甚遠；而民智多淺，所見者近，遂莫得知之。故民可使由之，不可使知之，可與樂成功，而不可與慮化始也。同篇又舉史起直言進諫魏襄王，願不惜身死，但求人君貫徹以漳水灌鄴田之政令，因而魏襄王使史起爲鄴令，治漳水以灌鄴田，致民大怨，欲籍史起，史起不敢出而避之。王乃使他人遂爲之，水已行，民大得利，相與歌誦曰：「鄴有聖令，時爲史公，決漳水，灌鄴旁，終古斥鹵，生之稻粱。」此魏襄王能擇用賢人，擇善固執，卒能實現賢者之高瞻遠矚及忠貞直言，可謂善於導愚教陋，由而不使，致實及於世，名冠於後也。

人主得賢能之士，則受其習染，與之俱化，義理日張，乖妄日去，不爲讒邪所蒙，不爲物慾所蔽，能通乎一己之缺，不與物爭，矜服性命之情，愉易以俟，而後以法數察驗，以名分責實，致動靜合宜，舉事適義。呂氏春秋謹聽篇曰：「昔者禹一沐而三捉髮，一食而三起，以禮有道之士，通乎己之不足也。通乎己之不足，則不與物爭矣。愉易平靜以待之，使夫自以之；因然而然之，使夫自言之。……故雖不疑，雖已知，必察之以法，揆之以量，驗之以數。若此，則是非無所失，而舉措無所過矣。」苟不得賢能之士，則不受當染，而自以爲是，自以爲能，聞直言者斥，見諫諍者逐。是其不能通乎己之不足，遂多爲物役，多爲邪辟；不能矜服性命之情，遂多爲焦燥，多爲煩謬。而事必躬親，離道日遠，致百禍叢生，萬災並起。亡國之主，有似於此。同篇又曰：「亡國之主……自賢而少人，則說者持容而不極，聽者自多而不爲，雖有天下何益焉？是乃冥之昭，亂之定，毀之成，危之寧。故殷周以亡，比干以死，誖而不足以舉。」此自賢少人，致欲不可得，事不可成，實肇因於不能建立賢能之人事制度，不使君臣相得之過也。故本味篇曰：「求之其本，經旬必得；求之其末，勞而無功。功名之立，由事之本也，得賢之化也。非賢，其孰知乎事化，故曰：『其本在得賢。』」賢者以其睿智聖明，多能知事慮化，勝理行義，人主得知，事功必成。

人主得賢，除能通乎己之不足外，猶能使身安國治。論語爲政篇曰：「舉直錯諸枉，則民服；舉枉錯諸直，則民不服。」孟子公孫丑上篇曰：「尊賢使能，俊傑在位，則天下之士，皆悅而願立於其朝矣。」此儒家主張賢人政治。蓋爲政在人，非有聖君賢相，不足以善一國之政也。墨子尚賢上篇曰：「國有賢良之士衆，則國家之治厚；賢良之士寡，則國家之治薄。故王公大人之務，將在於衆賢而已。」尚賢中篇曰：「賢者舉而尚之，富而貴之，以爲官長；不肖者抑而廢之，貧而賤之，以爲徒役。」是墨家主張尚賢，以賢人推動政治組織，一同天下之義，而平治天下，亦多類儒家之賢人政治。呂氏春秋之撰作，有見於當時秦國之官僚政治，嚴刑峻法，苛薄寡恩，壓迫民人，殘暴以逞，終非長治久安之計，而思有以改之。故承儒墨之說，亦提倡賢人政治。其本味篇曰：「賢主之求有道之士，無不以也；有道之士求賢主，無不行也。相得然後樂，不謀而親，不約而信，相爲殫智竭力，犯危行苦，志懽樂之，此功名所以大成也。……故黃帝立四面，堯舜得伯陽續耳然後成。凡賢人之德，有以知之也。」此有道之士卽賢能之士，求而得之，使盡智盡力，君臣相得，而後可達身逸國治之功，如黃帝堯舜之得是。同篇又曰：「士有孤而自恃，人主有奮而好獨者，則名號必廢熄，社稷必危殆。」此人主獨而自恃，不用卿相輔佐，失其基杖；不任聖賢智慮，失其衆力，私自與焉；致事敗而禍生矣。故先識篇曰：「凡國之亡也，有道者必先去，古今一也。地從於城，城從於民，民從於賢。故賢主得賢者而民得，民得而城得，城得而地得。夫地得，豈必足行其地，人說其民哉？得其要而已矣。」並舉晉太史屠黍論天下之國中，晉先亡之因，以晉公驕而無德，行事不義，百姓鬱怨，賢良不舉之故也，明示得賢之要，並曰：「國之興也，天遺之賢人與極言之士；國之亡也，天遺之亂人與善諛之士。」是知國之興亡與人臣言之直諛有必然的關係，而人臣言之直諛正爲其賢與不肖之分際，是以人臣之賢與不肖關係於國之興亡也。故觀世篇曰：「主賢世治，則賢者在上；主不肖世亂，則賢者在下。」此理之必然，猶國之興亡繫乎臣之賢愚也。綜上所述，呂氏春秋主張尚賢之必要，益備於儒墨之精要也。蓋儒家之說，僅及於民服與不服，及與天下之士願立於其朝之與否；墨子之說，僅及於國家之治厚與治薄之異；唯呂氏春秋進而論及關係於國家之興亡也。

貳、賢人之標準

賢人政治有其必要，而在求尚賢之前，不可不明賢人之標準。呂氏春秋以爲賢人之標準，殆有下列八項：

一、得道

呂氏春秋下賢篇曰：「得道之人，貴爲天子而不驕倨，富有天下而不騁夸，卑爲布衣而不瘁攝，貧無衣食而不憂懾；懇乎其誠有自也，覺乎其不疑有以也，桀乎其必不渝移也，循乎其與陰陽化也；怱怱乎其心之堅固也，空空乎其不爲巧故也；迷乎其志氣之遠也，昏乎其深而不測也，風乎其高無極也，確乎其節之不庳也，就就乎其不肯自是也，鵠乎其羞用智慮也，假乎其輕俗誹譽也。以天爲法，以德爲行，以道爲宗，與物變化，而無所終窮。精充天地而不竭，神覆宇宙而無埒；莫知其始，莫知其門，莫知其端，莫知其源。……五帝弗得而友，三王弗得而師，去其帝王之色，則近於得之矣。堯不以帝見善綣，北面而問焉。堯天子也，善綣布衣也，何故禮之若此其甚也？善綣得道之士也，得道之人，不可驕也，堯論其德性達智而弗若。」是得道之人，蓋賢士之標準也，以其不驕矜自誇，不自賢少人，不汲汲富貴，不戚戚貧賤，堅毅卓絕，忠貞果敢。輕世之誹譽，賤俗之得失。以道德爲宗，以天理爲法。浩然正氣充塞寰宇，至高之極，足爲帝者之師；至貴之極，足爲王者之友，若善綣是也。故堯爲天子，北面請益，猶以爲德智不若也。

二、忠孝

呂氏春秋高義篇曰：「荆昭王之時，有士焉曰石渚，其爲人也，公直無私。王使爲政，道有殺人者，石渚追之，則其父也，還車而反，立於廷曰：『殺人者，僕之父也。以父行法，不忍。阿有罪，廢國法，不可。失法伏罪，人臣之義也。』於是乎伏斧鑕，請死於王。』王曰：『追而不及，豈必伏罪哉？子復事矣。』石渚辭曰：『不私其親，不可謂孝子；事君枉法，不可謂忠臣。君令赦之，上之惠也；不敢廢法，臣之行也。不去斧鑕，刎頭乎王廷。正法枉，必死。父犯法而不忍，王赦之而不肯，石渚之爲人，可謂忠且孝矣。」由此可見石渚之爲人也，若此去己之私，從事於義，可謂事親至孝，事君至忠，執法至公，行事至直，義盡仁至，悲壯至極，誠得賢士之道，無怪乎荆昭王願赦之而使爲政也。

三、死義

呂氏春秋離俗篇曰：「齊晉相與戰，平阿之餘子亡戟得矛，却而去，不自快，謂路之人曰：『亡戟得矛，可以歸乎？』路之人曰：『戟亦兵也，矛亦兵也，亡兵得兵，何爲不可以歸？』去，行。心猶不自快，遇高唐之孤叔無孫當其馬前，曰：『今者戰，亡戟得矛，可以歸乎？』叔無孫曰：『矛非戟也，戟非矛也，亡戟得矛，豈亢責也哉？』平阿之餘子曰：『嘻，還反戰。趨，尚及之。』遂戰而死。叔無孫曰：『吾聞之，君子濟人於患，必離其難。』疾驅而從之，亦死而不反。令此將衆，亦必不北矣；令此處人主之旁，亦必死義矣。」此平阿餘子聞義而還戰，叔無孫濟患而離難，並死義而不反。苟令其將百乘之師，必英勇善戰，終不敗北；苟令其處人主之側，必竭智盡忠，爲君死義矣。蓋聞義從善，死無反顧，若志士仁人之心，若聖賢豪傑之志，其爲賢士之道，而得舉人之本，亦可知矣。

四、直言

呂氏春秋達鬱篇曰：「主德不通，民欲不達，此國之鬱也。國之鬱處久，則百惡並起，而萬災叢生矣。上下之相忍也，由此出矣。故聖王之貴豪士與忠臣也，爲其敢直言而決鬱塞也。」並擧召公諫周厲王，管仲勉桓公，列精子高歎侍者之諛等事，以明賢士之可貴，在於能直言進諫也。是篇又曰：「趙簡子曰：『厥也愛我，鐸也不愛我。厥之諫我也，必於無人之所；鐸之諫我也，喜質我於人中，必使我醜。』尹鐸對曰：『厥也，愛君之醜也，而不愛君之過也；鐸也，愛君之過也，而不愛君之醜也。臣嘗聞相人之師，敦顏而土色者忍醜，不質君於人中，恐君之不變也，此簡子之賢也。』人主賢，則人臣之言刻。簡子不賢，鐸也卒不居趙地，有況乎在簡子之側哉？」厥、鐸並爲人臣，並能諫君，唯厥諫於無人之所，惜君之醜；鐸質於衆人之中，愛君之過。二者並以直言爲賢，實足以決國之鬱塞，使民欲上達，主行德義，惜簡子不能聽言受諫，致賢者終不能居其地也。

五、益君

呂氏春秋觀世篇曰：「周公旦曰：『不如吾者，吾不與處，累我者也；與我齊者，吾不與處，無益我者也。惟賢者必與賢於己者處。賢者之可得與處也，禮之也。』」周公旦所以必與賢於己者處，爲其有益於己也。蓋人主受智慮聖明之賢者所當染，致其身雖賢，其行雖善，左右視之，猶尚賢於己。故行事更加謙卑，因而有益於己。譬若登山，處己高矣，勢己險矣，左右視之，猶尚巍巍然，山在其上，故志意更加堅決，因而有益於身也。

六、不辱

呂氏春秋離俗篇曰：「齊莊公之時，有士曰賓卑聚。夢有壯子，白縞之冠，丹績之衐，東布之衣，新素履，墨劍室，從而叱之，唾其面，惕然而寤，徒夢也。終夜坐，不自快。明日，召其友而告之曰：『吾少好勇，年六十而無所挫辱。今夜辱，吾將索其形，期得之則可，不得，將死之。』每朝與其友俱立乎衢，三日不得，却而自刎。」此賓卑聚以爲士可殺不可辱，卒以死見其志意，其死雖非的當，然其心之不可辱，實不可以加矣。爲人臣之賢者，有志若此，而後直道而行，庶可不辱君命矣。

七、達分

呂氏春秋達分篇曰：「達分者，達乎生死之分；達乎生死之分則利害存亡弗能惑矣。故晏子與崔杼盟而不變其義，延陵季子吳人願以爲王而不肯，孫叔敖三爲令尹而不喜，三去令尹而不憂，皆有所達也，有所達則物弗能惑。」又曰：「晏子與崔杼盟，其辭曰：『不與崔氏而與公孫氏者，受其不祥。』晏子俛而飲血，仰天而呼曰：『不與公孫氏而與崔氏者，受此不祥。』崔杼不說，直兵造胸，句兵鉤頸，謂晏子曰：『子變子言，則齊國吾與子共之；子不變子言，則今是已。』晏子曰：『崔子，子獨不爲夫詩乎？詩曰：『莫莫葛藟，延于條枚，凱弟君子，求福不回。』嬰且可以回而求福乎？子惟之矣。』崔杼曰：『此賢者，不可殺也。』罷兵而去。』」此延陵季子不肯爲王，實去人欲之私，而得天理之公；孫叔敖三任三已，猶能不以任喜，不以已悲，喜怒無形，物我兩忘，但知有國，不知有身；晏子知命達分，行事能以義處而安之若素，雖死義而不悔。此並皆有所達，而後得以不爲物慾所惑，直道而行，可謂賢士之道也。

叄、求賢的方法

一、以誠

呂氏春秋本味篇曰：「有侁氏女子採桑，得嬰兒於空桑之中，獻之於其君。其君令烰人養之，察其所以然。曰：『其母居伊水之上，既孕，夢有神告之曰：『臼出水，而東走毋顧。』明日，視臼中出水，告其鄰，東走十里而顧，其邑盡爲水，身因化爲空桑。故命之曰伊尹，此伊尹出空桑之故也。』長而賢，湯聞伊尹，使人請之有侁氏，有侁氏不可。伊尹亦欲歸湯，湯於是請娶婦爲婚，有侁氏喜，以伊尹媵女。故賢主之求有道之士，無不以也。」此湯求伊尹，先使人請之，不得要領；繼之以娶婦爲辭。以人主之尊，而若是一而再以求之，其誠意之極，可見一斑。故終使有侁氏首肯，因而伊尹得以效命於成湯，遂成王業。

苟湯知伊尹之賢，使人請之，不得即去，則何能相得而樂，謀親約信，相爲竭智，盡力馳騁乎？蓋才德俊彥之士，或居於山林僻遠之間，非召之而可至也；或處於至卑至賤之位，非求之而可來也；必得出之以至誠無間，極卑、極賤、極遠、極勞，而後賢者見其誠也，愛其眞也，遂爲之竭盡才智，壽國益君，致成名定天下矣。

二、以德

呂氏春秋報更篇曰：「昔趙宣孟將上之絳，見骫桑之下有餓人臥不能起者，宣孟止車，爲之下食，餟而餔之，再咽，而後能視。宣孟問之，曰：『女何為而餓若是？』對曰：『臣宦於絳，歸而糧絕，羞行乞而憎自取，故至於此。』宣孟與脯二朐，拜受而弗敢食也。問其故，對曰：『臣有老母，將以遺之。』宣孟曰：『斯食之，吾更於汝。』乃復賜之脯二束與錢百，而遂去之。處二年，晉靈公欲殺宣孟，伏士於房中以待之，因發酒於宣孟，宣孟知之，中飲而出，靈公令房中之士疾追而殺之，一人追疾，先及，宣孟面之，曰：『嘻！君輿，吾請為君反死。』宣孟曰：『而名為誰？』反走對曰：『何以名為，臣骫桑下之餓人也。』還鬬而死，宣孟遂活。」此宣孟德士一飯，士舍其身，還報人主。故人主行其德於天下，天下之士必相率而歸之。若川淵深，則魚鼈歸之；山林盛，則禽獸歸之；刑政平，則百姓歸之；而人主德，則豪傑歸之；此理之必然也。是以聖王不務歸之者，而務其所以歸之之道也。

伯夷、太公俱避紂之亂也，一居北海之濱，一居東海之濱，聞文王養老尊賢，以德來士，遂相與而歸之（註二十二）。此文王以德禮士，遂得天下之大老，天下之大父歸之也；天下之父歸之，其子焉得不歸乎？蓋既得其心，則天下之心，不能外也。可見人主以德致賢，士歸之，如江河之就下，蟬之走明火也。

三、以禮

呂氏春秋下賢篇曰：「堯不以帝見善綣，北面而問焉。堯天子也，善綣布衣也，何故禮之若此其甚也？善綣得道之士也。得道之人，不可驕也。堯論其德行達智而弗若，故北面而問焉。」又曰：「齊桓公見小臣稷，一日三至，弗得見，從者曰：『萬乘之主見布衣之士，一日三至而弗得見，亦可以止矣。』桓公曰：『不然！士驁祿爵者，固輕其主；其主驁覇王者，亦輕其士。縱夫子驁祿爵，吾庸敢驁覇王乎？』遂見之，不可止。」有道之士，固驕人主，多不肯阿諛求士，必賴人主禮賢下士，士雖驕己，己愈禮之，而後賢者可得，王業可成，若堯之於善綣，齊桓公之於小臣稷是也。

苟人主不能禮賢，自以爲是，自以爲得，君驕賢士，賢士驕君，日以相驕，奚時相得？致事必躬親，鉅細不靡，智窮能竭，君威日失，雖有天下，何益焉？雖有天下，何得賢士之效命乎？故不能禮賢，則不得賢，不得賢則與無賢同。

呂氏春秋觀世篇曰：「晏子之晉，見反裘負芻息於途者，以爲君子也。使人問焉，曰：『曷爲而至此。』對曰：『齊之累人，名爲越石父。』晏子曰：『嘻！遽解左驂以贖之。』載而與歸，至舍，弗辭而入，越石父怒，請絕，晏子使人應知曰：『嬰未嘗得交也，今免子於患，吾於子猶未可邪？』越石父曰：『吾聞君子，屈乎不知己者，而伸乎知己者，吾是以請絕也。』晏子乃出見之，曰：『嚮也見客之容，而今也見客之志。嬰聞察實者不留聲，觀行者不譏辭，嬰可以辭而無棄乎？』越石父曰：『夫子禮之，敢不敬從。』晏子遂以爲上客。」越石父受晏子之惠，方得免於縲紲之中，宜感激零涕，何得以不辭而出惡聲乎？此賢者之志，牟而難知，妙而難見，殆既以知己相對待，晏子宜使其美志得伸，宏圖得展，奈何屈辱之若是甚耶？故斥而請絕。晏子自知理屈，不諱不遜，反益尊之以禮，得求士之道也。蓋賢者，以衆人待之，必使不得其志，而鬱鬱求去，以其志非俗世常理可得而測也；實須以國士待之，使伸其志，而殫智竭力，致能用非其有，如己有之，而後達無知無爲，垂拱而化之境矣。

【附註】

註一　Thomas Hobbes著Leviathan, Chapter XIII. P.64-65.

註二　John Locke 著 Two Treatises of Government, The Second Treatise of Civil Government, Chapter II P.122-123.

註三　Gettell's History of political Thought, Chapter XVI, P.253

註四　事見呂氏春秋遇合篇。

註五　Thomas Hobbes 著 Leviathan, Chapter XVIII, P.90-95

註六　John Locke 著 Two Treatises of Government, The Second Treatise of Civil Government, Chapter XIX P.246-247.

註七　馬君武譯盧梭民約論（Social Contract）第一書第七章，頁一六—一八。

註八　呂氏春秋不二篇：「有金鼓，所以一耳也；同法令，所以一心也。智者不得巧，愚者不得拙，所以一衆也；勇者不得先，懼者不得後，所以一力也。故一則治，異則亂；一則安，異則危。」不二篇曰：「王者執一，而爲萬物正。軍必有將，所以一之也；國必有君，所以一之也；天下必有天子，所以一之也。王者必執一，所以摶之也。一則治，兩則亂。今御驪馬者，使四人人操一策，則不可以出於門閭者，不一也。」圜道篇曰：「令出於主口，官職受而行之，日夜不休，宣通下究，瀸於民心，遂於四方，還周復歸，至於主所，圜道也。令圜，則可不可善不善無所壅矣。無所壅者，主道通也。故令者，人主之所以爲命也，賢不肖安危之所定也。」並言天子有立法出令之權，以齊民之軌，通行政令。

註九　見呂氏春秋恃君篇。

註一〇　見韓非子五蠹篇。

註一一　見呂氏春秋審分篇。

註一二　事見呂氏春秋知接篇。

註一三　墨子尚同上篇曰：「天子立，以其力爲未足，又選擇天下之賢可者，置立之以爲三公。天子三公既以立，以天下爲博大，遠國異土之民，是非利害之辯，不可一二而明知，故畫分萬國，立諸侯國君。諸侯國君既已立，以其力爲未足，又選擇其國之賢可者，置立之以爲正長。」尚同中篇曰：「天子既以立矣，以爲唯其耳目之請，不能獨一同天下之義，是故選擇天下贊閱賢良聖知辯慧之人，置以爲三公，與從事乎一同天下之義。天子三公既已立矣，以爲天下博大，山林遠土之民，不可得而一也，是故靡分天下，設以爲萬諸侯國君，使從事乎一同其國之義。國君既已立矣，又以爲唯其耳目之請，不能獨一同其國之義，是故擇其國之賢者，置以爲左右將軍大夫，以遠至乎鄉里之長。」尚同下篇曰：「天子以其知力，爲未足獨治天下，是以選擇其次，立爲三公；三公又以其知力，爲未足獨左右天子也，是以分國建諸侯；諸侯又以其知力，爲未足獨治四境之內也，是以選擇其次，立爲卿之宰；卿之宰又以其知力，爲未足獨左右其君也，是以選擇其次，立而爲鄉長家君。」綜合三篇所載言之，自當是各級政長均負責選立其下級政長，然除天子外，均須商承其上級政長，或基於上級政長之授權。天子雖無上級政長可資商承或得其授權，然依墨子之說觀之，當依承天意或得天之授權。換言之，即是天子依承天意，或基於天之授權以選立三公，三公輔佐天子選立國君諸侯；國君諸侯商承天子，或基於天子之授權以選立卿之宰或左右將軍大夫；卿之宰或左右將軍大夫輔佐國君諸侯，選立鄉長、家君以及里長。再據此三篇，吾人可知三公係由天子所選立。至於三公以下諸政長之選立，則諸篇說法，略有出入：據尚同上、中二篇，則諸侯，國君以下之政長，似亦悉由天子所選立，或由其上級與天子共同選立者；而據尚同下篇之文意，則各級政長，又似悉由該政長之上級長官所選立，而非由天子之一人所獨攬，惟其下又云：「是故古者天子之立三公、諸侯、卿之宰、鄉長、家君……。」則又似悉由天子一人所立者。乍視之，似有矛盾，然綜合三篇文意以推論之，當是各級政長選擇其下級之政長，惟選定人選後，須經得天子之認定而授之以位。換言之，即諸侯國君以下各級政長之選立，均由天子授權該政長之上級長官負責甄選，而於選定之後，必須報請天子鑒核並任命之。既非天子一人獨攬，亦非各級政長自作主張。至於天子之任命百官，則依墨子之說，自亦當秉承天意而任命之。參見孫廣德墨子政治思想之研究與陳維德墨子教育思想研究。

註一四　引見呂氏春秋貴因篇。

註一五　事見呂氏春秋貴因篇。

註一六　見尚書大禹謨。

註一七　見尚書舜典。

註一八　引見呂氏春秋義賞篇。

註一九　事見呂氏春秋用民篇。

註二〇　事見史記晉世家。

註二一　事見呂氏春秋貴信篇。

註二二　事見孟子離婁上篇。

第七章 結 論

由前列諸章之考證、析論，得以知呂不韋生平事蹟及其著述，抑且足以知八覽之學術思想及其價值。今進而歸結出八覽在呂氏春秋中之地位及其基本思想，與其對秦漢政治之影響，分別論述如下：

一、八覽在呂氏春秋中之地位

呂氏春秋十二紀所論者，多天時之義，故以陰陽五行爲中心，要人君順時以起居，依時而施政；所詳者，多國家之政綱，故以順天法天爲原則，依春生、夏長、秋收、多藏之意，要人君按綱領施政，以期與天同氣，與天同行，而達養民、敎民、衞民、理民之目的。八覽所論者，多人生之修養，故以立身之道爲中心，深述人生哲學之要義，以盡人臣之道；所詳者，多國家之治道，故暢述政治之理論與方法，以明人主之所執。六論之於八覽，名異而實同，並就事論事，各抒所見，或言人事，而深論道德；或言君道，而析評政治；且多引古事以證成之，行文敍意，風格無異，唯篇幅簡短，內容多有重複。由此可知呂氏門客所重者在於十二紀，然就今日而言，全書最有價値者，不在十二紀，而在八覽，蓋其所論人生哲學與政治形態，衡之今日，猶有顚撲不破之價值存焉。反觀十二紀所論陰陽五行及與天同氣之說，以今日科學昌明時代視之，則多爲怪異荒誕之論。

蕭公權中國政治思想史云：「呂氏既欲代秦自帝，則勢必攻擊秦之傳統政策而別樹立國之道，故不韋相秦於二周已亡之後，絕不認秦爲正統，仍謂『周室既滅，而天子已絕。』『以兵相殘，不得休息。』又謂『當今之世濁甚矣，黔首之苦不可以加矣。天子既絕，賢者廢伏，世主恣行，與民相離。』」呂氏春秋一書，攻擊秦政既嚴且苛者，莫過於十二紀與八覽，是篇不徒主張「順天」、「法天」、「誠義」、「忠孝」、「尙德」、「尙賢」等陰陽、儒、墨各家思想；復且以爲「天子既絕」、「世主恣行」，故而「賢者廢伏」、「與民相離」。其反對秦國行任法尙功之政，以求富强兼倂之慾，並譏始皇爲恣行之世主，而將秦并於六國之列，至爲明顯。此實根本否認秦自孝公變法以來之法家政治，而欲別樹兼容並包雜家之學也。

吾人既知呂氏春秋爲反秦之書，則其重己貴民，道體儒用之政治思想，乃針對商韓而發，毫不足異。十二紀中持論每陰抑法家，先秦諸子如孔、墨、黃、老、莊、列、管、田、子華等均在稱引之列，而未嘗一及申商韓非。序意既在紀後，而十二紀又依四時爲編次，略符「春秋」之號，則此殆爲全書之主體，近乎後世所謂「內篇」。八覽六論中雖間擧申商之言行，然其立言之大旨固與十二紀前後相合，一切慘刻督責之術，在所不取。其間八覽所表現尙德尙賢之思想較法家慘刻督責之權術，尤爲相左。蓋是篇主張「誠義」、「忠孝」、「聽言」、「知命」、「愼言」、「尙德」、「尙賢」等思想，可謂諸子之言中，獨爲醇正者。以其能取儒家之長，參以道家墨家之勝，彌綸群言，出以公允，因而思想內容以儒家爲中心，而排斥法家之失，並明當前政治之亂，諸侯恣行，在於不能尙德任賢也。其政治意義，在於更立新王，而尤忌始皇之爲政。

八覽諸篇中理想之政治制度在於尙德，理想之人事制度在於尙賢，欲以託古爲手段，改革當時統治者之政治形態。因而於立法、變法之主張中，再三申敘法不與時俱變，則拘泥於法，而不得其立法之功，多失行事之效。由此可知其反對法家之專任刑罰，傷恩薄厚之政治甚明。

綜上所述，吾人可知就當時政治形態言，呂氏春秋之主體爲十二紀；然就今日政治意識言，呂氏春秋之精髓多在八覽之中，故八覽在呂氏春秋中，可謂處於關鍵之地位矣。

二、八覽中所表現之基本思想

呂氏不僅反對秦之專制政體，亦且反對其治術。其最顯著者爲重申德治之理想，欲使人君求得人格上之自覺，不剛愎濫權，不貪鄙暴虐，而「無知無爲」、「施德行義」（註一），致民以殷實，國以富强。故書中頗致意於德行之敎，欲使倫理道德振衰起敝以爲敎化之資，使誠義忠孝深植人心，以爲致治之本。此與法家提出任法尙功之政治形態，並以嚴刑黷武爲賞罰行事之標準，使民視官吏以爲師，使人尙首功以爲爵，直異如天壤。

人君欲知民間疾苦，國家利病，當以廣聽直言爲要務。不然，「亡國之主必自驕，必自智，必輕物。自驕則簡士，自智則專獨，輕物則無備。無備召禍，專獨危位，簡士壅塞。」（註二）人主不僅不當自驕，亦不當自智，不當輕物，三術若行，人主於精神上及物質上均受限制，不復能任意孤行。是以呂氏春秋八覽諸篇中提倡「天子須德智兼備」（註三）以明其要。蓋德智不備，則易驕慢傲士、自恣輕物、專獨危位矣。致破敗亂亡，由此起也。反之，人君虛懷若谷，察納雅言，致上下一心，政通人和矣。若此，可謂得聽言受諫之旨矣。

呂氏春秋八覽所表現之政治制度在於實行封建，以與人分治，致便勢全威，福長名彰；雖賦天子以相當之職權，得以任人分職、立法出令、循名責實、賞善罰惡，然猶且以人君德化，臣民諫諍、賢良出奔、全民革命等方法加以限制君權；而治國理民之道，亦多以施德行義爲之。至於人事制度，則多崇尚賢之道，必知而禮之，任而專之，斷爲得之。故吾人可謂其理想之政治型態在於尚德尚賢。

君上無爲乃申不害言術要義之一，其作用在防臣下之姦而督其功，以保障專制君主之權位，達成獨行恣睢之心志；呂氏春秋之用意與此相異。吾人以其無爲與順民、納諫諸事合觀，即知其隱寓提倡『虛君制度』（註四）且是書八覽中所論無知無爲之道（註五），蓋取儒家人君德化之意，道家順應自然之旨，法家循名責實之功，以達於尚德任賢之政治功效，故主張人君矜服性命之情，以求任賢使能之治，意在以此限制君權，與前者主張肆志廣欲，獨斷督責，以達自恣荒漫之志，意在尊君重刑者，大異其趣。

呂氏春秋八覽諸篇中，以愼勢、適威、恃君、長利諸篇表現公天下之思想最爲强烈，除重視君長之政治功能外，且否認君長爲國家之目的。蓋國家之目的在全生利群，人民基於生命財產之安全與實際生活之須要，因而成立政治組織，置君立長，非欲私之阿之，投其所好，達其所欲也。是知天下乃天下人之天下，非一人之天下也。故君道在於利天下之人，非利一己之私也。此與法家君本位之思想大相逕庭。

呂氏春秋既强調天人相感相應，又强調災變與月令之關係，自必更强調同類相感之觀念。其表現於八覽中者，如應同篇曰：「類固相召，氣同則合，聲比則應，鼓宮而宮動，鼓角而角動。……無不比類其所生以示人。故以龍致雨，以形逐影，師之所處，必生棘楚，禍福之所自來，衆人以爲命，安知其所由。……物之從同，不可爲記。」召類篇又重述此意。此並著重在行爲所招致之結果，以爲某類之行爲，如爲善美者，則召致天降某類之祥福；如爲惡邪者，則召致天降某類之災禍。故應同篇又曰：「因天之道，與元同氣，故曰：『同氣賢於同義，同義賢於同功，同功賢於同居，同居賢於同名。帝者同氣，王者同義，霸者同功，勤者同居，則薄矣，亡者同名，則觕矣。其智彌觕者，其所同彌觕；其智彌精者，其所同彌精。故凡用意，不可不精。』夫精，五帝三王之所以成也。成齊類同皆有合，故堯爲善而衆善至，桀爲非而衆非來。商箴云：『天降災布祥，並有其職。』以言禍福人或召之也。」此同類相感之觀念，除應用於天人之相感外，且應用於人君臣民行爲上善惡禍福之相應。亟思藉此爲手段，使人君矜服性命之情，臣民完成人格上之自覺，以達成順天法天之政治意識。

綜上所述，吾人可知八覽中之基本思想爲「誠義忠孝」、「聽言受諫」、「尚德尚賢」、「無知無爲」、

「天下爲公」、「同類相感」等諸端。其表現於政治思想中之價值者，以其治國理民之道在於施德行義，故無道家無治主義之弊；其理想之政治形態在於尚德，並重視天子職權之運用，故無墨家人治主義之失；其治國理民之道在於賞善罰惡，故無儒家禮治主義之弊；其理想人事制度在於尚賢，並重視天子權責之限制，故無法家法治主義之害。反因兼取諸家之長，故有道家之「無知無爲」，墨家之「愛利尚賢」，儒家之「施德行義」，法家之「賞善罰惡」等思想，可謂諸子中獨爲醇正者。是以吾人欲建設現代之政治形態，對呂氏春秋八覽中所主張者，不可不加以重視也。

三、八覽對於秦漢政治之影響

呂氏既持反對法家，而同情於儒家之觀點，則勢必接受孟荀順民心、誅暴君之主張。易言之，即放棄戰國末年趨於完成之君主專制理論，而重申古代君治民本之學說。此雖不出創造，其歷史上之意義則頗堪注目。蓋漢初黃老家大明清靜之治術，賈誼等亦闡述仁義道德，以矯始皇任刑之失，而呂氏及其賓客在始皇混一之先，已對申韓學術及鞅斯政治作正面之攻擊，實不啻「過秦」思想之陳涉，雖事敗身死，其發難之功誠不可沒也。今就呂氏春秋八覽諸篇所論言之，其大抵以儒家「尚德」爲主，參以道家「無爲」，墨家「尚賢」之長，而不取其放誕恣肆，非儒明鬼之意，持論平實；唯對法家任刑尚法，特加批駁。雖不爲始皇所採信，然其直指秦政之失，覆亡之必，可謂頗有卓見，實爲過秦思想之先聲，亦爲陳涉發難之先機也。及漢初行黃老之治術，主張放任無爲，採用儒道混合之思想，賈誼等闡述仁義道德，主張採儒法德威並行之政治制度。此政治思想上兼取他家之長者，蓋治道廣泛，實非一家之說所可盡，必擷取他家之長，彌補己身之短，兼容並包，鎔鑄陶鈞，始克有成，八覽之政治思想若此，漢初政治思想亦然。

秦滅六國，李斯輔政，徹底實行法家主張，尚法任刑，禁止私學，以法爲教，以吏爲師，統制思想，深愚黔首。及漢有天下，鑒秦暴虐之失，民生凋敝，乃輕徭薄賦，取「因陰陽之大順，采儒墨之善，撮名法之要」；與時遷移，應物變化。（註六）調和衆家所長之治術。此政治思想之混同，其影響及於學術者，若陸賈新語、桓寬鹽鐵論、劉向新序、說苑、王充論衡、王符潛夫論，其議論時政，多兼儒墨，合名法，無所不包，可謂得雜家之旨。故江瑔諸子卮言論雜家云：「陸賈新語，著秦之所以失天下，漢之所以得天下，及古今成敗之國，以爲法戒（見本傳），太史公目爲辯士。（按太史公曰：余讀陸生新語十二篇，固當世之辯士。）賈誼新書，切對時事，其末綴以痛哭者一，流涕者二，太息者四，皆憂世之言。劉向新序、說苑、……皆掇取戰國秦漢間事，及傳記百家之所載，以爲法戒（本南豐曾氏序略），所以廸教化，辨邪正以爲漢規鑒（本高氏子略）。桓寬鹽鐵論，辯詰論難，痛言朝廷當毋與天下爭利，欲以究治亂，成一家之法。王充論衡，包羅古今，辨其是非得失，始如詭異，終實有理（本晁公武說）。王符潛夫論，以耿介不同於俗，隱居著書，以譏當時失得，不欲顯張其名，故號曰潛夫。……皆推論政治教化之大，而闡其利害得失之故。考其旨趣，莫不大略相同。是則諸書之旨，正隱承議官之遺意，而得雜家之眞。……今所舉新語新書之類，偏重於儒家，蓋皆本各家之學，而發爲雜家之論也。」

始皇卽位，雖未採呂氏春秋八覽之政治思想，但對其所論五德終始之說，則完全採信（註七），自以得水德而王；及兩漢之興亡，未嘗不受五德終始說之影響。田鳳台呂氏春秋研究云：「高祖起自布衣，逐鹿天下，起事之初，亦頗利用此一迷信之說，先以火德自居，製造赤帝子斬白帝子之神話，旗幟尚赤。漢二年，東擊項羽而還，入關，反立黑帝祠，又自居水德。漢六年，北平侯張蒼推五德之運，以爲漢當水德之始，故一切官制、正朔、服色，皆沿秦制如舊。文帝時，賈誼公孫臣與張蒼爭論漢帝德之運，其後黃龍見於成紀，張蒼因而自絀。帝乃召公孫臣爲博士，申明漢爲土德事，事尚未決，繼以兒寬賈誼之言爲是。至武帝太初，始正式改制，色尚黃，謂秦在水德，故漢據土而克之。昭帝時，劉向父子又推終始五德之運，採五行相生之理，以唐火虞土，推而至漢，以火德王，且有漢德將衰之說，王莽之纂漢，卽順此說而來。莽自言虞舜之後，虞爲土德，火生土，漢爲堯裔，以火德王，故堯傳位舜，漢當傳位莽，莽遂以土德自居。王莽之末，漢家當再受命之說又起，故光武起事之初，復依劉向父子新三統說，以漢爲火德，且採讖文，製造故事，作爲火德之符命，企圖收攬思漢之人心，故統一之後，始正火德，色尚赤。西漢以火德王，光武再受命，當然亦以火德，故至今對漢有炎漢之稱。獻帝時，漢運將終，袁術以少見讖書：『代漢者當塗高。』自以爲術塗相應。又以袁氏出陳，爲舜後，以黃代赤，德運之次，遂自稱帝。曹操子丕，早有纂漢之志，太史丞許芝陳魏代漢見於讖律，謂黃龍見，乃帝王受命之符瑞，於是丕卽帝位，炎漢火德至此而終。」由此可知騶衍五德終始之說，由呂不韋賓客之傳，影響及於秦漢，如始皇稱帝，高祖起事，武帝改制，王莽篡位，光武中興，曹丕篡奪，莫不藉其說以為興篡之資，此既非騶衍本意，亦非呂氏原旨。蓋是二者原意，或欲藉此天命靡常，以警人君常守厥德，以保厥位，並因此實行其所謂尚德行仁，慎刑任賢之政治理論與方法，無恣意任行，專制跋扈，災殃及己，禍延宗朝也；不意竟為後世新立政權之理論根據，而藉此虛擬之理論，難驗之異說，迷惑世人，遂其私志矣。

呂氏春秋八覽特別强調天降災異以儆專制君主，指出災異之發生係由於君主私德或政事有所缺失而致，所以君主應馬上責己修政以感天心，使災異化為無形，甚或因而轉禍為福。漢初，陸賈為高祖著書，首承其說曰：「聖人因天變而正其失，理其端而正其本。」（註八）武帝時，首推陰陽為儒者宗之董仲舒，亦主張天人相與，冀人君彊勉行道，致德日起而大有功。自是以後天人相與，君主對天負有政治責任之觀念，既深入漢室君臣之心，於是君王屢因天變而下詔責己，廷臣論政，亦常藉此以儆時君，儒師釋經，更無不重視天人相與之際。此蓋呂氏春秋應同、召類篇並明同類相感之理，應同篇又言及為善則衆善至，為惡則衆非來，而天之降災布祥，並有其職，思欲藉災異吉凶之說以警人君，影響所及之故也。漢儒言災異吉凶，多持之有故，言之成理，故其說大行。是以災異一出，人君或下詔罪己，或轉嫁臣子；人臣或上書自劾，或獲罪免職。此天變災異，固不足畏，而人君虛應故事，不思勵精圖治；人臣黨同伐異，不思政治革新。人為之禍因之而滋，誠可浩歎。

【附　註】

註　一　見本書第六章第二節第伍目。
註　二　見呂氏春秋驕恣篇。
註　三　見本書第六章第二節第三目。
註　四　見胡適文存三集卷三，讀呂氏春秋。
註　五　見本書第六章第二節第伍目。
註　六　見司馬談論六家要旨。
註　七　胡適中古思想史長篇頁五〇二證成始皇用五德終始之說，非齊人所奏，乃是間接采自呂不韋之書。
註　八　陸賈新語，台北，世界書局，五十一年影印弘治李廷梧刊本（見中國思想名著第二冊），思務第十二頁二〇。

參考書目

一、呂氏春秋訓解　漢　高誘　中華書局
二、呂氏春秋新校正　清　畢沅　世界書局
三、呂子校補二卷　清　梁玉繩　中央圖書館藏鈔本
四、呂子校續補一卷　清　梁玉繩　中央圖書館藏鈔本
五、呂子校補獻疑一卷　清　蔡雲　聚學軒叢書本
六、呂氏春秋雜志（在「讀書雜志」餘篇）　清　王念孫　商務印書館
七、呂氏春秋正誤一卷　清　陳昌齊　藝文印書館
八、呂氏春秋平議三卷（在「諸子平議」內）　清　俞樾　商務印書館
九、呂氏春秋札記二卷（在「讀諸子札記」內）　清　陶鴻慶　中華書局
一〇、呂氏春秋新證（在「諸子新證」中）　清　于省吾　藝文印書館
一一、呂氏春秋高注補正　清　李寶淦　華正書局
一二、呂氏春秋辨證（在「四庫提要辨證」中）　清　余嘉錫　商務印書館

一三、呂氏春秋校補　民國　王叔岷　中研院史語所研究集刊二十三
一四、讀呂氏春秋札記（在「積微居讀書記」內）　民國　楊樹達　大通書局
一五、呂氏春秋補正　民國　宋慈裒　華國月刊二十三期
一六、呂氏春秋舉正　民國　孫人和　北平圖書館月刊一、二卷
一七、讀呂臆斷　民國　沈瓞民　制言半月刊一、二期
一八、呂氏春秋劄記　民國　孫志輯　北平圖書館刊九卷三號
一九、評呂氏春秋彙校　民國　藏　用　圖書館季刊新八卷一、二期
二〇、呂氏春秋校證　民國　楊明照　燕京學報二十三期
二一、呂氏春秋高注補正　民國　潘光晟　政治大學學報十四期
二二、呂氏春秋札記　民國　趙海金　成功大學學報二、三、四卷
二三、呂氏春秋集釋　民國　許維適　世界書局
二四、呂氏春秋彙校　民國　蔣維喬　鼎文書局
二五、呂氏春秋校釋　民國　尹仲容　中華叢書編審委員會
二六、呂不韋撰著考　民國　繆　鉞　中國文化研究彙刊六卷
二七、呂不韋著書考（在「先秦諸子繫年」內）　民國　錢　穆　香港大學出版社
二八、呂氏春秋反古考（在「諸子考索」內）　民國　羅根澤　泰順書局

二九、呂氏春秋中古書輯佚（在「古史辨」六册） 民國 李峻之 萬年青出版社
三〇、呂氏春秋之分析（在「古史辨」六册） 民國 劉春霖 萬年青出版社
三一、呂氏春秋及其對漢代學術與政治上的影響 民國 徐復觀 大陸雜誌四十五卷三期
三二、呂氏春秋思想管窺 民國 趙海金 中國國學四期
三三、呂氏春秋二十萬言或三十萬言 民國 施之勉 大陸雜誌三十九卷九期
三四、呂氏春秋與統一思想 民國 張柳雲 中華文化復興月刊六卷五期
三五、呂氏春秋與法家關係研究 民國 朱守亮 中華學苑二期
三六、呂氏春秋中的孔子 民國 朱守亮 孔孟月刊十五卷三期
三七、貴因簡釋 民國 馬起華 大陸雜誌十四卷二期
三八、呂氏春秋中的戰爭理論 民國 傅紹傑 三軍聯合月刊三卷三期
三九、六十年來之呂氏春秋學（在「六十年來國學」中）民國 楊宗瑩 正中書局
四〇、呂氏春秋研究 民國 楊宗瑩 西南書局
四一、漫談呂不韋及呂氏春秋 民國 游于濆 暢流三十九卷五期
四二、呂氏春秋 民國 羅雲家 醒獅二卷二期
四三、呂氏春秋選註 民國 莊　適 商務印書館
四四、呂氏春秋譯註 民國 吳則虞 西南書局

四五、呂氏春秋（在「經子解題」內）　民國　呂思勉　商務印書館
四六、呂氏春秋疏（在「推十書」內）　民國　劉咸炘　三人行出版社
四七、呂氏春秋導讀（在「先秦諸子導讀」內）　民國　徐文珊　幼獅書局
四八、呂氏春秋的政治理論　民國　賀凌虛　商務印書館
四九、呂氏春秋思想理論　民國　李九瑞　中華叢書委員會
五〇、呂氏春秋撢微　民國　陳郁夫　師大碩士論文
五一、呂氏春秋學術思想　民國　黃湘陽　輔大碩士論文
五二、呂氏春秋研究　民國　田鳳台　政大博士論文
五三、呂氏春秋研究　民國　王克秋　學海出版社
五四、呂氏春秋學術思想的分析研究　民國　鍾吉雄　東益出版社
五五、呂氏春秋與諸子之關係　民國　傅武光　師大博士論文
五六、呂氏春秋致治思想研究　民國　羅克洲　高雄師範學院碩士論文
五七、十三經注疏　唐　孔穎達　藝文印書館
五八、禮記集說　元　陳　澔　世界書局
五九、禮記集說　清　莊有可　力行書局
六〇、禮記集解　清　孫希旦　文史哲出版社

六一、周禮正義　清　孫詒讓　中華書局
六二、四書集註　宋　朱　熹　世界書局
六三、經義述聞　清　王引之　廣文書局
六四、說文解字注　清　段玉裁　藝文印書館
六五、戰國策　漢　劉向纂錄　里仁書局
六六、國語韋氏解　漢　韋　昭　世界書局
六七、史記　漢　司馬遷　藝文印書館
六八、漢書　漢　班　固　藝文印書館
六九、史記評林　明　凌稚隆評　蘭台書局
七〇、史記會注考證　日本　瀧川龜太郎　中新書局
七一、漢書藝文志講疏　民國　顧　實　商務印書館
七二、資治通鑑　宋　司馬光等　商務印書館
七三、古史辨　民國　顧頡剛等　明倫出版社
七四、中國上古中古文化史　民國　陳安仁　泰順書局
七五、中國古代哲學史　民國　胡　適　商務印書館
七六、中國中古思想史長編　民國　胡　適　胡適紀念館

七七、先秦史　未詳　開明書局
七八、先秦政治思想史　民國　梁啟超　中華書局
七九、先秦政治思想　民國　王雲五　商務印書館
八〇、先秦諸子繫年　民國　錢　穆　香港大學出版社
八一、秦漢史　民國　錢　穆　三民書局
八二、秦史　民國　彭友生　帕米爾書局
八三、兩漢思想史　民國　徐復觀　學生書局
八四、中國學術思想變遷史　民國　梁啟超　中華書局
八五、中國政治思想史　民國　陶希聖　全民出版社
八六、中國政治思想史　民國　蕭公權　中華文化事業出版社
八七、中國學術思想大綱　民國　林師景伊　學生書局
八八、中國哲學史　民國　黃公偉　帕米爾書局
八九、中國哲學思想史　民國　羅　光　先知出版社
九〇、中國人性論史　民國　徐復觀　學生書局
九一、荀子集解　清　王先謙　藝文印書館
九二、晏子春秋校注　民國　張純一　世界書局

九三、晏子春秋研究　民國　王師更生　文史哲出版社
九四、老子道德經注　三國　王　弼　世界書局
九五、帛書老子　河洛出版社
九六、莊子集釋　清　郭慶藩　河洛出版社
九七、列子注　晉　張　湛　世界書局
九八、墨子閒詁　清　孫詒讓　世界書局
九九、墨子教育思想研究　民國　陳維德　文史哲出版社
一〇〇、墨子政治思想之研究　民國　孫廣德　中華書局
一〇一、韓非子校釋　民國　陳啟天　商務印書館
一〇二、管子　唐　房玄齡　商務印書館
一〇三、商君書解詁　民國　朱師轍　華正書局
一〇四、公孫龍子集解　民國　陳　柱　河洛出版社
一〇五、鄧析子校詮　民國　王啟湘　世界書局
一〇六、尹文子校詮　民國　王啟湘　世界書局
一〇七、淮南鴻烈集解　民國　劉文典　粹文堂書局
一〇八、鄒衍遺說考　民國　王夢鷗　商務印書館

一〇九、論早期讖緯及其與鄒衍書說之關係　民國　陳槃　中研院史語所集列第二十本
一一〇、諸子治要　唐　魏徵　世界書局
一一一、諸子通考　清　孫德謙　廣文書局
一一二、諸子論略　清　尹桐陽　廣文書局
一一三、諸子平議　清　俞樾　世界書局
一一四、諸子巵言　民國　江瑔　文海出版社
一一五、諸子新證　民國　于省吾　樂天出版社
一一六、諸子通考　民國　蔣伯潛　正中書局
一一七、諸子學纂要　民國　蔣伯潛　正中書局
一一八、諸子學述　民國　羅焌　河洛出版社
一一九、諸子通誼　民國　陳鐘凡　商務印書館
一二〇、先秦諸子學　民國　嵇哲　樂天出版社
一二一、僞書通考　民國　張心澂　鼎文書局
一二二、北堂書鈔　唐　虞世南　中央圖書館藏本
一二三、藝文類聚　唐　歐陽詢　新興書局
一二四、初學記　唐　徐堅　新興書局

一二五、太平御覽　宋　李　昉　商務印書館

一二六、文心雕龍研究　民國　王師更生　文史哲出版社